Crypto y Bitcoin
Una mentalidad millonaria para la oportunidad

Michael A. Duniec

ISBN: 979-8990830646

US Copyright: TX-9-394-146

Publicado por Actimor LLC. Publishing Group

www.btcmindset.com

Dedicatoria

Este libro está dedicado a aquellos cuyo viaje a través de la frontera digital refleja la esencia misma de la innovación y la perseverancia. Desde los primeros días de Bitcoin, cuando las monedas virtuales se podían conseguir por apenas unos céntimos y el mundo de las criptomonedas era una extensión salvaje e inexplorada, hasta los tumultuosos tiempos de las convulsiones del mercado y los avances tecnológicos, esta historia es un testamento para los audaces y los valientes. No sólo buscamos divisas, sino también conocimientos, profundizando en la mecánica de la cadena de bloques y en los principios de la autocustodia y la seguridad.

Las experiencias, desde la adrenalina de la fiebre minera hasta las lecciones aleccionadoras de las caídas del mercado y el cierre de plataformas como Mt. Gox y Silk Road, han pintado un cuadro vívido de la infancia de la era criptográfica. Hemos visto fortunas subir y bajar con la volatilidad del mercado, pero su riqueza no reside en las monedas amasadas, sino en el rico tapiz de lecciones aprendidas y sabiduría adquirida.

Este libro está dedicado a ustedes y a todos los que se atreven a soñar y a trabajar a la sombra de gigantes, porque es en el silencioso zumbido de sus GPU y ASIC y en el suave resplandor de sus monitores donde se forja el futuro. A los innovadores, a los visionarios, a los incansables buscadores de la próxima frontera: que esta historia os inspire para perseguir el horizonte, incluso cuando el mundo susurre imposibilidad. En la búsqueda de lo aparentemente inalcanzable, descubrimos los caminos hacia nuevos mundos. Brindemos por los soñadores, los emprendedores y los pioneros digitales: que sus caminos brillen y sus legados perduren.

Agradecimiento

En el mundo dinámico y en constante evolución de las criptomonedas y las finanzas descentralizadas, la creación de este libro ha sido un viaje de descubrimiento, innovación y aprendizaje profundo. Estoy profundamente agradecido a una comunidad que se nutre de los principios de apertura y colaboración.

A los innumerables desarrolladores y mineros que han sentado las bases de esta tecnología, su incansable dedicación ha impulsado el avance del sector y ha aportado valiosas ideas a las páginas de este libro.

Un agradecimiento especial a los líderes intelectuales y visionarios del espacio DeFi; sus ideas audaces y su compromiso inquebrantable con la reimaginación de los sistemas financieros han sido una fuente constante de inspiración. A los inversores veteranos y novatos que han depositado su confianza en el potencial de los activos digitales, sus historias y experiencias han sido la piedra angular de esta completa guía.

También debo reconocer el inestimable apoyo de mis compañeros y mentores de la comunidad criptográfica, cuya sabiduría y orientación han sido fundamentales para navegar por el complejo panorama de la tecnología blockchain. Las contribuciones de los investigadores académicos que han explorado los fundamentos teóricos de las criptomonedas han enriquecido el contenido con una profundidad de conocimientos que es a la vez profunda y práctica. A mi mujer, hijas y amigos, por su paciencia y comprensión mientras me aventuraba en las profundidades de la escritura y la investigación; su apoyo ha sido mi ancla. Y a los lectores, que son la última fuerza impulsora de este esfuerzo, que este libro sirva de faro, iluminando el camino hacia el empoderamiento financiero y una nueva comprensión de la mentalidad Bitcoin.

Sobre el autor

Mike, uno de los primeros innovadores en el ámbito de las criptomonedas, se embarcó en su viaje con Bitcoin en 2011, durante las primeras etapas de la moneda digital, cuando el dinero descentralizado aún era una idea novedosa. Con el precio de Bitcoin en apenas setenta céntimos, la previsión y determinación de Mike le llevaron a minar las criptomonedas, aprovechando la potencia de cálculo de las GPU en una época en la que los pools de minería eran el quid de la adquisición de Bitcoin. Su historia no sólo cuenta los triunfos, sino también las tribulaciones, incluidos los infames hackeos de Mt. Gox y el cierre final de Silk Road, que moldearon su perspectiva sobre la volatilidad y el potencial de este activo digital.

A medida que evolucionaba el panorama, también lo hacían las estrategias de Mike. Profundizó en la tecnología blockchain que sustenta Bitcoin, pasando de la minería a un enfoque más analítico de adquisición de monedas mediante compras en el mercado. Un meticuloso análisis coste-beneficio de las inversiones en hardware y energía frente a las compras en el mercado minorista impulsó este giro. La experiencia de Mike se extendió más allá de la mera adquisición; se convirtió en un defensor de la autocustodia y de sólidos principios de seguridad, abogando por una combinación de almacenamiento de monederos hardware en caliente y principalmente en frío para salvaguardar los activos digitales en el contexto de un mercado tumultuoso.

La idea errónea de que los primeros mineros de Bitcoin como Mike debieron de amasar fortunas queda en entredicho por la realidad de la inestabilidad inicial del mercado. A pesar de minar Bitcoin cuando valía fracciones de dólar, Mike se centró en el crecimiento sostenible de su operación, asegurándose de que sus esfuerzos pudieran mantener sus gastos mientras alimentaba su pasión por la codificación y la optimización. El anhelo de una máquina del tiempo es un sentimiento compartido por muchos pioneros, pero las lecciones aprendidas y las experiencias realmente definen el viaje de Mike.

La historia de Mike es un testimonio del espíritu innovador. Su improvisado sistema de minería, consistente en una GPU montada en una caja de cartón, podría haber parecido excéntrico a sus compañeros. Sin embargo, era una muestra del impulso innovador que caracteriza a los verdaderos pioneros. El escepticismo al que se enfrentó reforzó su convicción de que estaba a la vanguardia de algo revolucionario. La narración de Mike es una crónica convincente de los primeros días de las criptomonedas, que ofrece a los lectores un relato personal de las pruebas y los triunfos que conlleva ser un innovador en un campo que en su día fue descartado por muchos.

Este libro es más que unas memorias: es un relato histórico de los inicios de las criptomonedas, una exploración de los principios monetarios y una guía de las políticas gubernamentales que configuran el panorama de las criptomonedas. Invita a los lectores a adentrarse en el mundo de las criptomonedas, animándoles a investigar y comprender los entresijos de esta revolucionaria tecnología. La historia de Mike no trata sólo de Bitcoin; trata de la búsqueda incesante de la innovación y del espíritu indomable de quienes se atreven a imaginar un futuro financiero diferente. Es un relato que inspira, educa y sirve de faro para los aspirantes a innovadores en el espacio criptográfico y más allá.

Con más de una década de inmersión en el dinámico mundo de las criptomonedas, Mike aporta una gran experiencia de primera mano. Este libro no es sólo una guía; es un viaje a través del paisaje en evolución de DeFi, Web 3.0, y la innovación blockchain, donde las transacciones rápidas y comisiones mínimas son sólo el comienzo.

La pasión de Mike por descubrir la miríada de oportunidades sin explotar en el espacio criptográfico es palpable y sirve de faro para los aspirantes a entusiastas. Al adoptar una mentalidad Bitcoin, los lectores obtendrán ideas para reconocer el potencial, comprender la tecnología de vanguardia y explorar los florecientes proyectos que surgen a diario. Este libro es una invitación a explorar, aprender y triunfar en el universo de las criptomonedas, y el autor está deseando celebrar los logros y los nuevos conocimientos del lector.

Prólogo

En esta exhaustiva exploración de la revolución de la moneda digital, nos embarcamos en un viaje a través del intrincado mundo de las criptomonedas. Desde la génesis del Bitcoin hasta la miríada de criptoactivos que le han seguido, este libro se adentra en la innovación tecnológica que ha desafiado a los sistemas financieros tradicionales y ha desatado una conversación global sobre el futuro del dinero. Cada capítulo es una inmersión profunda en los momentos clave y los acontecimientos críticos que han dado forma al panorama de las criptomonedas.

Comenzamos con el nacimiento de las criptomonedas, un concepto disruptivo que surgió de las sombras de la crisis financiera de 2008, prometiendo una nueva era de finanzas descentralizadas. A medida que avanzamos por los primeros años de Bitcoin, somos testigos de las luchas y triunfos de un nuevo activo que lucha por la legitimidad. El desarrollo de las criptomonedas es una historia de innovación, tan diversa como las personas que contribuyen a su evolución. El impacto en la banca tradicional es innegable, ya que las criptomonedas ofrecen una alternativa a las instituciones financieras establecidas, obligándolas a adaptarse o arriesgarse a quedar obsoletas.

El papel de los bancos centrales y los gobiernos en esta nueva frontera financiera es complejo, pues hay que equilibrar los beneficios potenciales con la necesidad de regulación y estabilidad. La volatilidad de las criptomonedas es a la vez un señuelo para los inversores y una advertencia para los precavidos, lo que las convierte en un fascinante estudio de la dinámica del mercado. El auge de los criptoactivos y las oportunidades de inversión señala un cambio en la forma en que percibimos el valor y la inversión en la era digital. La minería de blockchain, aunque es una piedra angular de la funcionalidad de las criptomonedas, suscita preocupaciones acuciantes sobre la sostenibilidad medioambiental.

De cara al futuro de las criptomonedas, se nos plantean interrogantes sobre su integración en la vida cotidiana y las implicaciones a largo plazo para las economías mundiales. En conclusión, este libro no es sólo un relato histórico, sino un diálogo sobre la intersección de la tecnología, la economía, la sociedad y la mentalidad innovadora, una conversación que no ha hecho más que empezar a través de los ojos de Roger.

Además, esta publicación ofrece un glosario que sirve de valiosa herramienta para aclarar la jerga técnica, los términos propios de las criptomonedas, la tecnología y la terminología financiera   especializada.

Índice

Introducción

Roger se sentó en su apartamento sorbiendo el café bien caliente que había preparado.

Se preguntó qué sería de una mañana sin café y luego se reclinó en el sofá para disfrutar del agradable clima. Como era domingo, no tenía mucho trabajo y había decidido no encender el portátil hasta el día siguiente. Mientras sorbía el café, recordó que su precio casi se había duplicado desde la última vez que lo compró debido a la inflación.

Si el banco central seguía acuñando billetes y ampliando la masa monetaria, depreciándola en el proceso, la inflación nunca se detendría. Su mirada se posó en la estantería que había formado parte de su vida durante más de diez años, y pensó que, si tan sólo se hubieran incorporado criptomonedas al sistema, el problema de la inflación podría haberse mitigado, ya que el sistema bitcoin, a diferencia de los sistemas bancarios y de pago tradicionales, se basa en la confianza descentralizada. Mientras echaba un vistazo a la estantería, posó sus ojos en un libro, "Crypto and Bitcoin: The Myth and Reality", que había leído allá por 2014. Tomó otro sorbo de café, se acercó a la estantería, cogió el libro y echó un vistazo a su contenido.

Algunos términos clave, como moneda digital descentralizada, red entre iguales, prueba de trabajo y cadena de bloques, pasaron por sus ojos. Con cada término, recordaba cómo se introdujo en ellos y cómo afectaban a sus prácticas financieras en el mundo moderno. El primer término que le llamó la atención fue moneda digital descentralizada, el término que cambió su vida. Aún recordaba que, en medio de la crisis financiera de 2008, el furor por las criptodivisas se apoderó del mundo.

Después de que los sistemas bancarios y las instituciones financieras no consiguieran recuperar las grandes hipotecas prestadas a los propietarios de viviendas, la aparición de las criptodivisas se consideró una alternativa para solucionar los fallos de los sistemas monetarios existentes.

Sin embargo, Roger no supo de su existencia hasta 2012, cuando oyó hablar del concepto de moneda digital descentralizada a un amigo suyo.

"Es el otro nombre de las criptodivisas, la moneda digital, que no está regularizada ni centralizada por ninguna autoridad como un banco central", recuerda que le dijo su amigo, que se había volcado por completo en aprender sobre criptodivisas desde que en 2009 apareció el documento de Satoshi, conocido como Bitcoin Whitepaper. También fue él quien le introdujo en Bitcoin. "A diferencia de las monedas tradicionales, bitcoin es totalmente virtual. No hay monedas físicas, ni siquiera monedas digitales propiamente dichas. Las monedas están implícitas en transacciones que transfieren valor del emisor al receptor", había leído en alguna parte mientras buscaba información sobre Bitcoin.

Al hojear el libro, se dio cuenta de lo mucho que había cambiado el mundo de las criptomonedas en los últimos diez años. De ser una idea novedosa y sospechosa a convertirse en una parte integral del mundo práctico, ¿cuánto había avanzado el mundo y cuánto había avanzado él como minero y desarrollador de criptodivisas? Suspiró y volvió a dejar el libro en la estantería. Mientras volvía a su sofá, sus ojos se posaron en el calendario que mostraba el 22 de mayo.

¡Ah! es el Día de la Pizza Bitcoin, el día en que Laszlo Hanyecz compró dos pizzas grandes por 10.000 Bitcoins, exclamó, y en lugar de ir hacia su sofá, volvió hacia la estantería.

Bitcoin: qué extrañamente interesante es esta moneda, que se crea a través de la minería y se verifica en la cadena de bloques. Si Laszlo Hanyecz tuviera hoy esos Bitcoins, habrían valido unos 200 millones de dólares. Cualquiera que lea este libro hoy no podría entender cómo entendía yo los entresijos de la criptodivisa y Bitcoin hace una década, pensó mientras ojeaba el libro. Entender Bitcoin y las criptomonedas parecía más difícil en 2014, ya que no había suficiente investigación sobre el tema, y la gente también carecía de experiencia de primera mano en su uso.

El hecho de que "los usuarios puedan transferir bitcoins a través de la red para hacer prácticamente todo lo que se puede hacer con las divisas convencionales, incluida la compraventa de bienes, el envío de dinero a personas u organizaciones, o la concesión de créditos" fue una píldora difícil de tragar para muchos. Además, los conceptos de transacciones bitcoin y minería bitcoin también eran complicados para la gente. Roger entendía la minería como "un gigantesco juego competitivo de sudoku que se reinicia cada vez que alguien encuentra una solución y cuya dificultad se ajusta automáticamente de modo que se tarda aproximadamente 10 minutos en encontrar una solución". Entonces le resultó más fácil entender cómo la minería asegura las transacciones de Bitcoin verificando las transacciones válidas y rechazando las malformadas o inválidas. Además, crea nuevos bitcoins en cada bloque, de forma similar a como el banco central imprime moneda. Sin embargo, sabía que con la abundancia de información y los muchos avances, comprender estos conceptos y el conocimiento práctico de cómo implementarlos en tu vida parece aún más desafiante.

Se dio cuenta de que debía existir un plan exhaustivo pero práctico e informativo pero cercano para ayudar a la gente a navegar por las complejidades de las criptomonedas y encontrar una manera de aprovechar sus conocimientos para mejorar su situación financiera. Entonces miró su portátil y se dio cuenta de que tenía suficientes conocimientos y experiencia práctica para compilar algo valioso para el mundo.

Sabía que no iba a ocurrir de la noche a la mañana. Aunque hacía poco más de diez años que existían las criptomonedas, todavía había desarrolladores, innovadores, entusiastas y personas a las que les había dolido mucho la crisis bancaria que querrían explorar este mundo. Después de pasar el tiempo adecuado en ese espacio, sabía que aún hacía falta mucha educación.

"El mundo necesita entender la historia y los fundamentos que hay detrás de Bitcoin, y yo seguiría corriendo la voz", se dijo a sí mismo y abrió un documento en blanco para redactar sus pensamientos. Comprendía que algunas de las complejidades técnicas y conceptos novedosos podían resultar desalentadores al principio. Aun así, sería casi imposible darse cuenta del potencial real de ese espacio sin sumergirse a fondo en la teoría y la historia que hay detrás de proyectos de cadenas de bloques como Bitcoin y Ethereum. Es crucial entender el mundo de las criptomonedas para superar el miedo a lo desconocido y reconocer el enorme potencial de las criptomonedas para transformar positivamente las finanzas.

Una persona normal necesita entender los conceptos básicos para poder desenvolverse en el mundo de las criptomonedas. Llevo tanto tiempo en el sector de las criptomonedas que me parece un pecado no informar a la gente sobre sus oportunidades y perspectivas. Pero, ¿por dónde empiezo? pensó, y su mente se remontó a 2009, cuando el libro blanco de Satoshi Nakamoto creó un gran revuelo en el mundo sobre el potencial de las monedas digitales descentralizadas. No sólo llamó la atención el anonimato del autor, sino que los detalles del libro blanco eran lo suficientemente convincentes como para obtener respuestas masivas de la gente. Justo después del estallido de la burbuja del mercado inmobiliario creada por los bancos y las instituciones financieras de EE.UU., el mundo ha estado buscando ansiosamente una solución que les saque de las adversidades financieras.

Cuando Roger empezó a escribir sus reflexiones, relató los altibajos, los avances tecnológicos y los cambios sociales que han dado forma al mundo de las criptomonedas.

Durante la crisis financiera, la criptomoneda surgió como salvadora en el Salvaje Oeste y captó la atención de la gente como solución a los inconvenientes del dinero fiduciario. A diferencia del dinero mercancía, en el que el valor intrínseco de la moneda reside en el material con el que se fabrica, como el oro o la plata, el valor inherente del dinero fiduciario reside en la fe pública en el emisor, es decir, el gobierno. Dado que el dinero fiduciario no está respaldado por ninguna materia prima valiosa como el oro o la plata, el riesgo de que se devalúe durante la inflación siempre está ahí. La primera década de la evolución de la criptodivisa estuvo llena de descubrimientos e innovaciones apasionantes que transformaron el mundo y las prácticas financieras. Sin embargo, entrar en ese mundo parecía una tarea ardua para los novatos, como las personas sin conocimientos técnicos ni experiencia en programación o desarrollo.

El libro blanco publicado por los desarrolladores seudónimos se convirtió en la base para desarrollar un modelo de cadena de bloques que introdujera la tecnología blockchain en el mundo. Junto con la publicación del whitepaper de Bitcoin, bitcoin, la primera criptodivisa, se presentó al público como "una colección de conceptos y tecnologías que forman la base de un ecosistema de dinero digital donde las unidades de moneda llamadas bitcoin se utilizan para almacenar y transmitir valor entre los participantes de la red Bitcoin."

A pesar de que al principio la gente se mostraba escéptica respecto a las criptodivisas, la evolución y el crecimiento del ecosistema de las criptodivisas y la introducción de nuevas criptodivisas, como Litecoin y Ethereum, crearon oportunidades viables para quienes se dieron cuenta de su verdadero potencial. Las historias de éxito de personas como Charlie Shrem hablaban por sí solas de cómo se había sumergido la innovación en este espacio. Dentro de esa innovación, el auge de los contratos inteligentes supuso un gran avance, allanando el camino para protocolos más avanzados como los contratos DeFi, la Web 3.0 y Polygon Chains, la plataforma más barata para las transacciones de criptodivisas.

La evolución del dinero, desde el papel moneda respaldado por oro hasta la moneda digital, ha adoptado muchas formas, ha resuelto diversos problemas y ha brindado múltiples oportunidades. Sin embargo, en los tiempos modernos, la mayor parte del dinero es fiduciario, como el dólar estadounidense, y está creado y regulado por el banco central y el gobierno. El sistema depende en gran medida de la confianza y de las instituciones para gestionar la política monetaria. La dependencia de toda la economía en los caprichos de los burócratas y no en activos tangibles reales es una de las principales causas de problemas significativos en el sistema económico que cryptocurrency puede resolver.

Sin embargo, no siempre es la solución de oro cuando se trata de criptodivisas. A pesar de su prometedor potencial, la criptomoneda también ha tenido varios escollos. Por ejemplo, la alta volatilidad, la falta de regulación y los ciberataques son los principales inconvenientes que ensombrecen el potencial de las criptomonedas. Sin embargo, en contra de todos los pronósticos y predicciones sobre el fracaso de Bitcoin y las criptomonedas, Bitcoin ha sobrevivido a lo largo de la década y ha prosperado. Por lo tanto, entender el espacio, junto con todas sus complejidades y flujos y reflujos, permite a los potenciales participantes ser conscientes de los retos que podrían tener que sortear.

A pesar de los notables avances en este campo, todavía se están escribiendo las reglas del juego de las criptomonedas. La moneda que inicialmente comenzó como una divisa totalmente no regulada pasó por varias etapas de crecimiento y desarrollo para regular la industria a lo largo de la década. Los departamentos reguladores y las autoridades, incluyendo la SEC, CFTC, IRS, y otros, todavía están trabajando para establecer regulaciones con respecto a la minería cripto, impuestos, regulación y otras políticas relevantes con respecto a la criptodivisa. Además de EE.UU., las sofisticadas normativas sobre criptodivisas han atraído a importantes empresas emergentes en otros países del primer mundo como Singapur, las Islas Caimán y Suiza. A medida que la tecnología sigue evolucionando y la revolución de las criptomonedas continúa, el potencial de creación de riqueza también se refuerza. Aunque el futuro sigue sin estar escrito, si alguien comprende hoy el panorama de los orígenes de las criptodivisas, puede participar plenamente en el nuevo mundo de las finanzas, asegurándose de que su viaje por delante será gratificante.

Cuando Roger terminó de escribir su borrador y miró el reloj, habían pasado unas tres horas.

Tenía tantas cosas en la cabeza que quería compartir con el mundo, para que aprovecharan sus conocimientos y allanaran su camino hacia la independencia financiera y la creación de riqueza, que no podía esperar a compartir su fondo de conocimientos con los demás.

Su taza de café a medio terminar sobre la mesa captó su atención. Inmerso en anotar sus pensamientos, se había olvidado del café que se había enfriado. Sin embargo, se contentó con leer lo que había escrito. Parecía la apertura perfecta del libro, con diferentes capítulos que desglosaban conceptos complejos en ideas comprensibles.

Empezando por el nacimiento de la criptomoneda y los primeros años de Bitcoin, planeaba arrojar luz sobre el desarrollo de la criptomoneda y sus distintos tipos. Estaba ansioso por compartir su experiencia con la minería de Bitcoin para aclarar las cosas. A partir de ahí, decidió diseccionar el impacto de la criptomoneda en la banca tradicional y el papel de los bancos centrales y el gobierno. Por último, desvelaría las oportunidades y los riesgos de la criptomoneda, ofreciendo a los lectores un plan para navegar por el mundo de las criptomonedas y sacar el máximo partido de él. Poco podía imaginar que su viaje se convertiría en una narración, una historia contada no en forma de gráficos y tablas, sino a través de la experiencia de primera mano de una persona que navega por las complejidades del universo de las criptomonedas.

Capítulo 1: El nacimiento de la criptomoneda

"49.980,20 USD", los números que parpadeaban en la pantalla hicieron sonreír a Roger al comprobar el valor actual de un Bitcoin. Le recordó los primeros días de las criptomonedas como Bitcoin, cuando nadie estaba dispuesto a comprar una y no tenía un valor fijo.

Era alrededor del 31 de octubre de 2008, un año después del inicio de la gran recesión, mientras continuaba la grave recesión económica y el feo momento del dinero y las finanzas. La gente se esforzaba por llegar a fin de mes y buscaba una solución para poner fin a las turbulencias financieras que nadie había visto venir. Sin embargo, el repentino desplome del sistema económico no fue tan "repentino". En realidad, había sido una acumulación de varios años destinada a terminar de la misma manera que terminó. La gente nombraba varias razones como culpables del estallido de la burbuja inmobiliaria estadounidense, pero Roger creía que los principales culpables eran los creadores de esa burbuja: los bancos y el sistema bancario.

El encanto del sueño americano costó un precio más alto de lo que la gente esperaba. Como el gobierno no reguló la industria financiera, los bancos se lanzaron a conceder créditos en condiciones laxas y a bajos tipos de interés, provocando un aumento anormal de la demanda. Los bancos concedían hipotecas sin tener en cuenta el riesgo de crédito y la solvencia de los prestatarios.

Anticipando que los tipos de interés se mantendrían siempre bajos y que los precios inmobiliarios seguirían subiendo, incluso aquellos que de otro modo no habrían cumplido los requisitos para el préstamo obtuvieron el crédito a tipos de interés bajos. El espectacular aumento del volumen total de hipotecas y la introducción de innovaciones financieras sin garantía, como las hipotecas ajustables y los préstamos de alto riesgo, hicieron que el volumen de crédito concedido a los prestatarios aumentara drásticamente. A medida que el gobierno aumentaba los tipos de interés para frenar la creciente inflación, los tipos de interés de las hipotecas ajustables y los préstamos exóticos existentes aumentaron significativamente. Crecieron hasta un nivel que superaba las expectativas y la capacidad de reembolso de los prestatarios, lo que provocó el impago de muchos de ellos. Debido a su incapacidad para pagar sus hipotecas, la gente comenzó a vender sus propiedades, provocando un aumento anormal de la oferta con una demanda insignificante.

El colapso del mercado inmobiliario estadounidense provocó un hundimiento del valor de los valores respaldados por hipotecas que flotaban en el mercado. Los grandes bancos de inversión e instituciones financieras empezaron a hundirse uno tras otro, extendiendo la recesión económica a otras economías del mundo como una epidemia. Como consecuencia de la recesión económica, la gente perdió la confianza en el sistema bancario y monetario.

Fue entonces cuando la críptica noticia de la publicación del libro blanco de Bitcoin tomó por asalto a todo el país.

"Bitcoin de Satoshi Nakamoto: ¿Un nuevo amanecer para el dinero?". Roger se sintió obligado a hacer clic en esa noticia por curiosidad para conocer los detalles. Al explorar los detalles de la noticia, encontró un libro blanco en el que se esbozaba el anuncio de una moneda descentralizada totalmente distinta del sistema centralizado imperante.

Una persona llamada Satoshi Nakamoto envió un documento llamado "Bitcoin: A Peer-to-Peer Electronic Cash System" a una lista de correo de criptografía, anunciando la llegada pública de Bitcoin al mundo. Presentaba una "versión puramente peer-to-peer de dinero electrónico que permitiría enviar pagos online directamente de una parte a otra sin pasar por una institución financiera". Tras guardar el documento para estudiarlo más adelante, buscó al autor. "¿Quién es Satoshi Nakamoto?".

Roger se quedó mirando la pantalla, leyendo y releyendo el libro blanco titulado "Bitcoin: A Peer-to-Peer Electronic Cash System". Se reclinó en la silla, con los dedos entrelazados mientras reflexionaba sobre las posibles implicaciones.

"Esto podría cambiarlo todo", murmuró.

El documento esbozaba un revolucionario sistema de moneda digital que permitía enviar pagos en línea directamente entre las partes sin necesidad de una institución financiera. Era brillante en su simplicidad: utilizaba criptografía y un servidor distribuido de marcas de tiempo para generar pruebas computacionales del orden cronológico de las transacciones.

Pero, ¿quién era Satoshi Nakamoto? El artículo no proporcionaba información sobre su autor, nombre o dirección de correo electrónico, sólo una clave criptográfica pública.

Roger frunció el ceño, sumido en la especulación. ¿Era Nakamoto un individuo o un grupo? ¿Americano, europeo, asiático? El seudónimo, que sonaba japonés, no ofrecía ninguna pista real.

Al comprobar la fecha, Roger vio que el periódico se había publicado el 31 de octubre de 2008. Pensó en la crisis financiera que se había agravado en el último mes. Los grandes bancos quebraban a diestro y siniestro mientras la bolsa se desplomaba. La gente estaba perdiendo la confianza en las instituciones financieras tradicionales.

"El momento perfecto", murmuró Roger. "Esto podría ser el antídoto: un sistema descentralizado, libre de intermediarios". Una forma de transferir fondos de forma segura sin depender de bancos o gobiernos. Revolucionario.

Esa es la pregunta que rondaba la mente de todos los que se enteraron de la noticia. Todos sentían curiosidad por conocerlo, pero no conseguían rastrear su verdadera identidad. Roger buscó su nombre en Google pero no obtuvo ningún resultado beneficioso. Eso hizo creer a Roger que el nombre era un seudónimo utilizado a propósito para ocultar la verdadera identidad del autor. No tenía ni idea, por aquel entonces, de que el reino de las criptomonedas había dado lugar a uno de los mayores misterios del siglo XXI, uno que sigue sin respuesta a día de hoy.

La información revelada en el libro blanco no podía pasar desapercibida. Por ello, la gente sentía curiosidad por saber quién había descifrado el problema de los criptógrafos, que duraba ya una década, creando una moneda digital descentralizada liberada del control de una autoridad central. A medida que aumentaba la curiosidad entre la gente, empezaron a salir a la luz diferentes teorías conspirativas sobre la identidad del autor del libro blanco de Bitcoin, Satoshi Nakamoto. Una de las primeras presunciones fue que se trataba de un grupo de personas o empresas y no de un individuo. Dado que el pronombre "nosotros" se utilizaba en todo el libro blanco, reforzaba las afirmaciones de que Satoshi era un grupo en lugar de un individuo.

Sin embargo, nadie pudo rastrear a las personas implicadas en ese grupo. El único medio de comunicación utilizado por Satoshi fue el correo electrónico. Con la falta de detalles sobre los antecedentes y la información personal, rastrear los orígenes de Satoshi parecía casi imposible, pero la búsqueda nunca se detuvo. Con el tiempo se fueron añadiendo más teorías, y algunas sospechas llegaron a recaer sobre distintas personas. Una de las primeras personas que se creyó que era Satoshi Nakamoto fue un hombre japonés-americano debido a sus inclinaciones libertarias, su herencia japonesa y su apellido. La primera información revelada sobre Satoshi Nakamoto fue que posiblemente vivía en Japón. Sin embargo, se creía que la dirección de correo electrónico que utilizaba era de un servicio gratuito alemán. Dorian Nakamoto, licenciado en física por la Politécnica de California, negó con vehemencia las acusaciones de que él fuera Satoshi.

Otra afirmación contundente sobre el descubrimiento de la verdadera identidad de Satoshi se hizo sobre un científico australiano, Craig Wright, cuando una revista afirmó tener pruebas contundentes. La prueba más convincente eran los blogs de Wright, que hacían referencia a un artículo sobre criptodivisas meses antes de la publicación del libro blanco de Bitcoin. Algunos correos electrónicos filtrados, correspondencia y transcripciones de reuniones con sus abogados también insinuaban que era el cerebro detrás del fiasco de Bitcoin. Más tarde se descubrió que las entradas del blog estaban fechadas con anterioridad, lo que creó un fuerte argumento contra la sospecha de que fuera el verdadero Satoshi.

Más tarde, Nick Szabo, el fundador de Bit Gold, también estuvo bajo el radar de las sospechas. No sólo fue pionero en la idea de los contratos inteligentes en un artículo de 1996, sino que su concepto de Bit Gold también era bastante similar al de Bitcoin. Algunas otras similitudes también insinuaban la posible identidad real de Nick, pero ninguna prueba sustancial pudo corroborar las afirmaciones.

Otra teoría interesante con la que se topó Roger era sobre Satoshi Nakamoto, que es el acrónimo de cuatro empresas asiáticas: Samsung, Toshiba, Nakamichi y Motorola. La gente creía que las cuatro empresas tecnológicas podrían tener algo que ver con la publicación del libro blanco de Bitcoin, pero no pudieron encontrar pruebas suficientes que respaldaran esta creencia. Incluso se llegó a pensar que era un viajero en el tiempo o un extraterrestre que desapareció tras publicar el libro blanco. La identidad de Satoshi sigue siendo un misterio hasta la fecha. Incluso más de una década después de la introducción de Bitcoin, la gente no tiene ni idea de quién es Satoshi y el verdadero motivo detrás de su identidad oculta.

Tras hurgar en el misterioso autor del libro blanco sobre Bitcoin, Roger volvió a tener en sus manos el contenido del documento. Sentado en su silla frente al ordenador, se inclinó hacia delante, leyendo con renovado entusiasmo. Párrafo a párrafo, los detalles técnicos empezaron a cobrar sentido. Era algo más que teoría: el documento describía un sistema que funcionaba. Quienquiera que fuera Nakamoto ya había creado software para implementar el protocolo Bitcoin. Al hojear el documento, se dio cuenta de que describía una solución al problema del doble gasto mediante la introducción de la primera moneda digital descentralizada del mundo. El documento empezaba destacando las limitaciones de los sistemas de pago electrónico y los inconvenientes de depender de terceros intermediarios.

"Aunque el sistema funciona suficientemente bien para la mayoría de las transacciones, sigue adoleciendo de las debilidades inherentes al modelo basado en la confianza. Las transacciones completamente no reversibles no son realmente posibles, ya que las instituciones financieras no pueden evitar mediar en las disputas".

Como solución al problema anterior, Satoshi destacó la necesidad de un sistema de dinero electrónico puramente entre iguales que eliminara la necesidad de terceros de confianza.

"Lo que se necesita es un sistema de pago electrónico basado en pruebas criptográficas en lugar de en la confianza, que permita a dos partes cualesquiera que lo deseen realizar transacciones directamente sin necesidad de un tercero de confianza".

A continuación introdujo la idea de una moneda digital, que definió como "una cadena de firmas digitales". A medida que Roger seguía leyendo, su curiosidad aumentaba. Pasó a la siguiente sección del documento, que hablaba de las transacciones.

A diferencia del sistema tradicional, que dependía de una entidad para comprobar y aprobar las transacciones, Satoshi planteó un mecanismo que requeriría que las transacciones se hicieran públicas para su verificación. Según su libro blanco, antes de que cada bloque de transacciones (un libro de transacciones público) se añadiera a la blockchain, todas las partes implicadas tenían que acordar y registrar la secuencia de la transacción.

"Pero, ¿cómo hacerlo?", exclamó Roger al pasar a la siguiente sección.

"La solución que proponemos comienza con un servidor de marcas de tiempo", la primera frase llamó su atención. Bitcoin resolvía el problema del doble gasto proporcionando pruebas de la presencia de cada bloque en la blockchain haciendo referencia a una marca de tiempo. Según su propuesta, toda la información almacenada en el bloque de Bitcoin se desmenuzaba en una cadena de caracteres más corta conocida como hash. El hash de cada bloque también contendría el hash del bloque anterior, y un minero de Bitcoin que añadiera un nuevo bloque a la cadena de bloques pondría una marca de tiempo en el hash. Con cada hash reforzando y verificando el hash anterior, se eliminaría el riesgo de transacciones no verificadas.

El mecanismo para evitar el doble gasto y verificar cada transacción se llamó "proof-of-work". La red Bitcoin utilizaría "un sistema de computación distribuido (llamado algoritmo proof-of-work) para llevar a cabo una elección global cada 10 minutos, permitiendo a la red descentralizada alcanzar un consenso sobre el estado de las transacciones. Esto resuelve el problema del doble gasto, en el que una sola unidad de moneda puede venderse dos veces"'.

El libro blanco lo definía como un sistema de una CPU, un voto, en el que los nodos honestos darían lugar a una blockchain abierta. Los seis pasos para hacer funcionar la red Bitcoin mencionados en el documento incluían:

- *Las nuevas transacciones se transmiten a todos los nodos.*

- *Cada nodo recopila las nuevas transacciones en un bloque.*

- *- Cada nodo trabaja para encontrar una prueba de trabajo difícil para su bloque.*

- *Cuando un nodo encuentra una prueba de trabajo, difunde el bloque a todos los nodos.*

- *Los nodos aceptan el bloque sólo si todas las transacciones que contiene son válidas y no se han gastado ya.*

- *Los nodos expresan su aceptación del bloque creando el siguiente bloque en la cadena, utilizando el hash del bloque aceptado como el anterior.[1]*

Roger lo entiende como que todos los participantes en la red Bitcoin ven y verifican las transacciones para garantizar la transparencia y la seguridad. "La minería proporciona seguridad a las transacciones de bitcoin rechazando transacciones inválidas o malformadas. Crea nuevos bitcoin en cada bloque, igual que un banco central imprime dinero nuevo".

La siguiente sección revela el marco de minería basado en incentivos. Para animar a los nodos a seguir siendo honestos, el sistema añadiría un incentivo para que los nodos apoyaran la red.

"¿Qué significa eso?", reflexionó hasta que lo entendió.

"La minería logra un fino equilibrio entre coste y recompensa. La minería utiliza electricidad para resolver un problema matemático. Un minero que tenga éxito cobrará una recompensa en forma de un nuevo bitcoin y una comisión por transacción. Sin embargo, la recompensa sólo se cobrará si el minero ha validado correctamente todas las transacciones, a satisfacción de las reglas del consenso".

Se propuso convertir las antiguas transacciones de Bitcoin en un resumen de múltiples transacciones (Merkle Trees) para recuperar espacio en disco y simplificar el proceso de verificación de pagos para los nodos. En lugar de realizar transacciones separadas para cada transferencia, cada transacción tendría o bien una única entrada de una transacción anterior más grande o bien múltiples entradas más pequeñas y dos salidas. Una salida es para el pago y la otra para devolver el cambio.

Por último, llegó a la parte que más le preocupaba: la privacidad. A diferencia de los sistemas bancarios tradicionales, las transacciones con Bitcoin se basan en el total anonimato del propietario de la cuenta. Cada propietario de cuenta recibiría una dirección distinta, o lo que se conoce como clave pública, que es una cadena de 26-35 caracteres. Todos los nodos podrían ver las transacciones sin conocer la identidad del beneficiario. La dirección única asignada a cada propietario de cuenta no estaría vinculada a ninguna información privada del mismo.

"Una de las ventajas de Bitcoin sobre otros sistemas de pago es que, cuando se utiliza correctamente, ofrece a los usuarios mucha más privacidad. Adquirir, poseer y gastar bitcoin no requiere divulgar información sensible y personalmente identificable a terceros."

Por otro lado, el propietario de la cuenta tendrá una clave privada, un código alfanumérico similar a una contraseña, para acceder a sus monederos Bitcoin, autorizar transacciones y demostrar la propiedad de un activo blockchain. La mente de Roger se aceleró al contemplar las ramificaciones.

"Esto podría dar a la gente soberanía financiera y privacidad. Eliminaría las comisiones de intermediación que cobran los procesadores de pagos. Facilitaría el acceso a cualquier persona con conexión a Internet. Bancarizar a los no bancarizados. Los ojos de Roger se iluminaron al comprender la idea del libro de contabilidad digital.

"Eso también significa que el teléfono de la persona puede destruirse, pero mientras tenga su clave secreta, puede volver a la red y recrear su valor almacenado. Así que, mientras conozcas tu clave secreta, puedes transferir riqueza y almacenarla en la cadena de bloques, que es tu libro de contabilidad digital, y nadie puede quitártelo", cuanto más tiempo le dedicaba, más comprendía el concepto de moneda digital descentralizada.

El documento revelaba que "Nakamoto combinó varios inventos anteriores, como b-money y HashCash, para crear un sistema de dinero electrónico completamente descentralizado que no depende de una autoridad central para la emisión y liquidación de la moneda y la validación de las transacciones".

Eso significaba que la moneda digital descentralizada tendría el potencial de alterar y remodelar fundamentalmente las finanzas mundiales.

"Si el sistema propuesto se hace cargo del sistema monetario existente, los bancos centrales y los gobiernos dejarán de tener un control unilateral sobre la oferta monetaria", la curiosidad de Roger creció un poco más hacia la criptodivisa, ya que la veía como una solución para resolver los fallos del sistema financiero tradicional y también con mucho potencial oculto. Estaba impaciente por compartir este descubrimiento con sus colegas. Si se aplica correctamente, Bitcoin podría tener un impacto sísmico. Podría cambiar radicalmente la naturaleza del dinero y las finanzas.

"Esto es sólo el principio", susurró Roger. Podía sentir en sus huesos que el documento de Satoshi Nakamoto representaba un momento decisivo, el amanecer de una nueva era en la moneda digital descentralizada. El futuro empieza ahora. Momentos después, Roger se recostó en su silla, frotándose los ojos mientras intentaba procesar todo lo que acababa de leer. El libro blanco de Satoshi Nakamoto era denso y técnico, pero sus implicaciones eran profundas.

El protocolo Bitcoin podría revolucionar las finanzas creando un sistema de dinero electrónico entre iguales que no dependiera de ninguna autoridad central, como un banco o un gobierno. Utilizaba pruebas criptográficas y un servidor de marcas de tiempo distribuido para verificar las transacciones. Bitcoin podía enviarse directamente entre usuarios, como dinero digital, sin pasar por ninguna institución financiera. Roger miró por la ventana las calles de la ciudad. La economía mundial seguía tambaleándose tras la crisis financiera de 2008. Las prácticas crediticias abusivas de los grandes bancos desencadenaron una enorme burbuja inmobiliaria que acabó estallando y conmocionando a todo el sistema. El gobierno tuvo que intervenir con rescates cuando los bancos sobreapalancados empezaron a quebrar. La Reserva Federal puso en marcha las máquinas de imprimir dinero en programas de expansión cuantitativa diseñados para inyectar liquidez en el sistema en dificultades.

"La flexibilización cuantitativa (QE) es una herramienta de política monetaria que consiste en que los bancos centrales compran activos financieros en el mercado, normalmente bonos del Estado u otros valores, para inyectar dinero en la economía y bajar los tipos de interés a largo plazo". Esta política suele emplearse cuando las medidas estándar de política monetaria, bajar los tipos de interés, resultan ineficaces. Como la mayoría de los bancos suelen seguir el sistema bancario de reserva fraccionaria, el objetivo era rescatar, emitir más préstamos a particulares y empresas e impulsar el crecimiento económico. En la banca de reserva fraccionaria, sólo una fracción de los depósitos de los clientes se mantiene en reserva, mientras que el resto está disponible para préstamos o inversiones. Este sistema permite a los bancos crear dinero a través del proceso de préstamo, contribuyendo a la oferta monetaria global de la economía.

Sin embargo, todo lo que hizo la Reserva Federal fue apoyar a los mismos grandes bancos que causaron la crisis en primer lugar. Los pequeños, los inversores medios y las empresas de Main Street se quedaron en la estacada. Los bancos no prestaron tanto dinero como esperaba la Reserva Federal y se dedicaron a acumularlo.

Algunos bancos utilizaron los fondos acumulados para reducir al mínimo la deuda hipotecaria subprime restante en sus libros, mientras que otros aumentaron sus ratios de capital. Algunos bancos incluso se quejaron de no tener suficientes prestatarios solventes debido al aumento de los criterios de concesión de préstamos. Por otro lado, la liquidez añadida al sistema económico por el programa QE no resultó suficiente para aumentar los préstamos en circulación ni la oferta monetaria.

Bitcoin ofrecía una alternativa: un sistema monetario descentralizado que no dependía de instituciones humanas falibles. Su oferta fija y las recompensas de la minería significan que no hay impresión arbitraria de dinero o manipulación por parte de los banqueros centrales, mientras que los usuarios pueden controlar sus fondos sin la supervisión de bancos o gobiernos.

"Esto puede cambiarlo todo", exclamó Roger. Bitcoin podría ser el bote salvavidas para escapar de un sistema financiero heredado que se hunde. Abría todo un nuevo abanico de posibilidades.

Roger sabía que tenía que involucrarse y ayudar a compartir Bitcoin con el mundo. Era demasiado importante como para callárselo. Volvió a inclinarse hacia delante, ansioso por seguir leyendo el libro blanco de Satoshi y empezar a averiguar cómo apoyar esta revolución tecnológica.

Roger pasó los días siguientes descifrando el libro blanco. Se recostó en su silla, dejando que el peso de las palabras de Satoshi se hundiera en su interior. No era un libro blanco cualquiera: esbozaba un marco para una moneda digital descentralizada y un sistema de pagos entre iguales, diferente a todo lo que existía hasta entonces.

Sus pensamientos se dirigieron a los orígenes del dinero, el "medio de intercambio universalmente aceptado que sirve como unidad de cuenta, depósito de valor y estándar de pago diferido", y a lo mucho que ha evolucionado a lo largo de la historia de la humanidad. El dinero ha adoptado diversas formas a lo largo de la historia, siendo una herramienta fundamental en los sistemas económicos y facilitando el intercambio de bienes y servicios al actuar como intermediario en las transacciones. Desde los rudimentarios sistemas de trueque imperantes hace unos 6.000 años hasta los metales preciosos y, finalmente, el papel moneda respaldado por oro, la moneda ha adoptado muchas formas. Sin embargo, en los tiempos modernos, la mayor parte del dinero es moneda fiduciaria, como el dólar estadounidense, creada y regulada por bancos centrales y gobiernos.

Este sistema se basa en gran medida en la confianza en las instituciones para gestionar la política monetaria de forma responsable. Sin embargo, una y otra vez, Roger había visto cómo los bancos centrales imprimían dinero a su antojo, devaluando el ahorro y provocando inflación (un impuesto oculto). Toda la economía descansa en los caprichos de los burócratas, no en ningún activo tangible real. Bitcoin es diferente. Por diseño, sólo existirán 21 millones de bitcoins. Las nuevas monedas son "acuñadas" por los usuarios, que proporcionan potencia de cálculo para asegurar la red y procesar las transacciones mediante pruebas de trabajo. Las reglas del sistema están codificadas: ningún intermediario humano puede alterar el suministro de dinero.

La cadena de bloques descentralizada permite transacciones entre pares sin intermediarios centralizados, lo que da a los usuarios el control de su propio dinero. Además, los bitcoins tienen una escasez verificable y no pueden degradarse, lo que los convierte en un depósito de valor ideal.

Roger sonrió, sintiendo una oleada de emoción. No se trataba sólo de una nueva moneda digital, tenía el potencial de cambiar las finanzas mundiales y dar un poder fundamental al individuo. El sistema bancario tradicional tenía los días contados, y el futuro que Satoshi esbozaba era demasiado revolucionario para ignorarlo. Roger sabía que tenía que formar parte de él. En retrospectiva a los días iniciales del lanzamiento de la publicación del libro blanco de Bitcoin después de una década, Roger sabía que su comprensión del significado del libro no estaba equivocada. El significado del libro blanco de Bitcoin es polifacético y va mucho más allá de ser simplemente un documento técnico que esboza una nueva moneda digital. El libro blanco no se limitaba a explicar una nueva moneda, sino que proponía un paradigma totalmente nuevo para los pagos en línea y la transferencia de valor. Presentaba la idea de una moneda digital descentralizada y sin confianza, que desafiaba al sistema financiero establecido.

Reflexionando sobre las implicaciones de Bitcoin, Roger se recostó en su silla. Pensó en una moneda digital descentralizada fuera del control de gobiernos y bancos. Era una forma interesante de intercambiar valores entre personas sin depender de intermediarios falibles. Sin embargo, Roger sabía que había retos por delante. Para que Bitcoin se adoptara de forma generalizada, debía ser fácil de adquirir y utilizar. Eso significaba encontrar formas de convertir monedas fiduciarias como el dólar en criptomonedas y viceversa.

Las monedas tradicionales, también conocidas como monedas fiduciarias, se emiten con la autorización de gobiernos y bancos centrales. El dinero fiduciario no tiene valor intrínseco, ya que procede de la autoridad central que lo declara de curso legal. Los bancos centrales tienen autoridad para imprimir billetes y hacer circular dinero en el mercado para mantener en marcha los engranajes de la economía. Las fuerzas de la oferta y la demanda influyen significativamente en el valor de la moneda fiduciaria. Cuanto más dinero hay en circulación, menor es su valor, lo que conduce a la inflación.

Por otro lado, está la idea de una moneda descentralizada que no requiere regulación por parte de ninguna autoridad gubernamental. Las monedas descentralizadas, como Bitcoin, obtienen su valor de la confianza de la comunidad. A diferencia de las monedas tradicionales, el bitcoin está protegido del riesgo de inflación mediante la reducción de Bitcoin a la mitad. Después de minar cada 210.000 bloques, la recompensa por bloque de Bitcoin se reduce a la mitad. Como resultado, se reduce el número de monedas que entran en la red, eliminando el riesgo de devaluación de la moneda.

Las criptomonedas sirven como medio de intercambio fuera del sistema bancario tradicional al operar en redes descentralizadas, utilizar la tecnología blockchain y ofrecer una alternativa financiera sin fronteras e inclusiva. Al proporcionar un medio de intercambio descentralizado y accesible, ofrecen un sistema monetario alternativo que opera fuera del marco bancario tradicional. Dado que las criptomonedas operan en redes descentralizadas, normalmente basadas en la tecnología blockchain, ninguna autoridad central controla o gobierna la moneda, como un gobierno o una institución bancaria. Son accesibles a cualquier persona con conexión a Internet, independientemente de su ubicación geográfica. Esta inclusividad permite a las personas que pueden no estar bancarizadas o estar infrabancarizadas participar en transacciones financieras sin depender de la infraestructura bancaria tradicional.

Además, las criptomonedas ofrecen una alternativa a las personas que no tienen acceso a los servicios bancarios tradicionales, reduciendo la necesidad de intermediarios y reduciendo potencialmente los costes de transacción. A diferencia de los sistemas bancarios tradicionales, que pueden tener horarios de funcionamiento y periodos de liquidación, las criptomonedas funcionan 24 horas al día, 7 días a la semana. Los usuarios pueden iniciar transacciones en cualquier momento, lo que aporta flexibilidad y comodidad. Sin embargo, el primer paso es convertir la moneda fiduciaria en criptodivisa para aprovechar las ventajas de las criptodivisas. El proceso de convertir moneda fiduciaria en cripto se denomina "on-ramping". Es el punto de entrada para las personas que acceden al ecosistema de las criptomonedas desde el mundo fiduciario, lo que les permite adquirir activos digitales comprándolos con dinero tradicional. Los exchanges y brokers como Coinbase simplifican las transferencias bancarias y permiten comprar Bitcoin. Sin embargo, exigen una rigurosa verificación de identidad para cumplir la normativa contra el blanqueo de capitales. Roger comprendía la necesidad de evitar actividades ilícitas, pero odiaba que el sistema bancario tradicional pudiera congelar fondos y denegar servicios por capricho. El cripto prometía libertad financiera, pero las rampas de acceso seguían dependiendo de las mismas instituciones que Bitcoin pretendía eludir.

El proceso de volver a convertir cripto en fiat o de entrar en el mundo fiat desde el ecosistema cripto se llama "off-ramping".

Esto también presentaba retos. Uno de ellos estaba relacionado con el cumplimiento de las normas KYC. KYC, o Know Your Customer, es un proceso normativo que las instituciones financieras aplican para verificar la identidad de sus clientes. Los principales objetivos de los procedimientos KYC son evitar el fraude, el blanqueo de dinero y otras actividades ilícitas. Las transacciones de Bitcoin eran seudónimas, lo que dificultaba a los intercambios el cumplimiento de las normas de conocimiento del cliente (KYC). Sin embargo, sin rampas de salida, las criptomonedas no podían cumplir su misión de convertirse en "dinero digital".

Roger sabía que este espacio era todavía el Salvaje Oeste. Pero estaba convencido de que Bitcoin podría revolucionar las finanzas. Sin duda, había problemas de regulación que sortear, pero creía que aún era pronto. Con el tiempo y el crecimiento, Bitcoin podría cambiar la forma en que fluye el dinero en todo el mundo, liberando a las personas del control centralizado. Roger estaba decidido a hacer realidad esa visión.

Además de ser el autor del libro blanco de Bitcoin, a Satoshi Nakamoto se le atribuye la creación de la primera cadena de bloques de criptomonedas en 2009, el bloque Genesis. Sirvió como la primera implicación del sistema de cadena de bloques de prueba de trabajo propuesto en el libro blanco de Bitcoin y se convirtió en una plantilla para los otros bloques construidos posteriormente en esa cadena de bloques. En 2009, las condiciones económicas empezaron a mejorar, marcando el final de la Gran Recesión. Fue entonces cuando Satoshi Nakamoto lanzó el boom del blockchain con el Bloque Génesis.

El 3 de enero de 2009, Satoshi Nakamoto lanzó la red Bitcoin minando el primer bloque, conocido como "Bloque Génesis", que contenía un mensaje que hacía referencia a la crisis financiera en curso.

Roger recuerda el lanzamiento y los primeros días de la red Bitcoin como un periodo fascinante marcado por la emoción, los retos técnicos y la lenta adopción inicial.

Estaba pegado a la pantalla de su ordenador cuando se minaron los primeros bloques de Bitcoin en enero de 2009. Por suerte, era una de las pocas personas en el mundo que conocía el innovador libro blanco de Satoshi Nakamoto, que proponía un revolucionario "sistema de dinero electrónico entre iguales". Al principio, sólo un puñado de criptógrafos y programadores minaban bitcoins en sus ordenadores personales. Estaban dispersos por todo el mundo, sin conocer la identidad de los demás, pero unidos por una visión compartida expuesta por el misterioso Satoshi. Aunque la gente estaba a punto de perder la confianza en la moneda respaldada por el gobierno, adoptar una moneda sin respaldo de una autoridad central seguía sonando como la opción correcta. Las transacciones iniciales consistían principalmente en el envío de pequeñas cantidades de Bitcoin entre desarrolladores y particulares interesados.

La primera red Bitcoin era frágil, con bajas tasas de hash que la hacían vulnerable a los ataques. Pero Roger confiaba en el protocolo de Nakamoto, diseñado para incentivar a los mineros a aumentar la seguridad con el tiempo. Las transacciones eran angustiosamente lentas en esos primeros días, tardando horas en procesarse. Pero funcionaba lo suficiente como para demostrar que Bitcoin funcionaba.

En octubre de 2009, el New Liberty Standard fijó el primer precio real de BTC en 1 dólar = 1.309,03 BTC. Roger recordó haber leído sobre un desarrollador de software, Martti Malmi, que vendió 5.050 BTC por una transferencia de PayPal de 5,02 dólares, marcando la primera vez que Bitcoin se cambió por moneda fiduciaria. Esto demostró la utilidad de Bitcoin como sistema de pago. Sin embargo, más tarde, esa transacción resultó tener un valor de más de 200 millones de dólares.

Sin embargo, quedaban muchos retos por delante. Bitcoin se enfrentaba al escepticismo y la hostilidad de las finanzas convencionales. El concepto de dinero digital sin autoridad centralizada no tenía precedentes, y el sistema estaba aún en su fase inicial, sin interfaces amigables. Sin embargo, Roger no se dejó intimidar, convencido de que la transparencia, inmutabilidad y autonomía monetaria de Bitcoin lo convertían en el futuro. Se dedicó a cultivar esta tecnología incipiente, invirtiendo en nuevas empresas y promoviendo su adopción generalizada. Roger sabía que Bitcoin evolucionaría, que sus capacidades se ampliarían de formas que ni siquiera Nakamoto podía predecir. Pero había dado un salto monumental. El mundo tenía una opción descentralizada para la moneda emitida por el gobierno. Y ya no había vuelta atrás.

MICHAEL A. DUNIEC

Capítulo 2: Los primeros años de Bitcoin

Ahora que Roger había reunido suficiente información sobre los conceptos básicos de Bitcoin y la criptomoneda, decidió entrar en materia. Sabía que "las unidades de bitcoin se crean a través de un proceso llamado "minería", que consiste en realizar repetidamente una tarea computacional que hace referencia a una lista de transacciones recientes de bitcoin". Además, sus conocimientos se ampliaron al hecho de que "en lugar de una autoridad central de confianza, en Bitcoin cada usuario puede utilizar un software que se ejecuta en su propio ordenador para verificar el correcto funcionamiento de cada aspecto del sistema Bitcoin." Investigando el sistema Bitcoin, se enteró de que se compone de tres elementos: usuarios con monederos que poseen las claves de los bitcoins, transacciones realizadas y difundidas por la red; y los mineros que producen la blockchain de todas las transacciones.

Con la esperanza de explotar las capacidades de la recién lanzada criptodivisa, Roger empezó a explorar las opciones de adopción generalizada de Bitcoin. Al profundizar en el mercado, se dio cuenta de que no había suficientes formas de obtener el novedoso dinero. Los pocos medios disponibles contenían riesgos significativos para los usuarios. Ampliando su búsqueda, descubrió dos formas de conseguir Bitcoin: la primera consistía en minarlo él mismo, mientras que la segunda implicaba participar en un comercio entre iguales (P2P) a través de foros de criptodivisas como Bitcointalk, un foro público fundado por

Satoshi Nakamoto que ofrece a entusiastas, desarrolladores, programadores e inversores de Bitcoin la oportunidad de entablar conversaciones valiosas.

"Otro desarrollo del misterioso Satoshi", murmuró Roger mientras buscaba en la red para acceder al sitio web. La plataforma se puso en marcha el mismo año que el lanzamiento de Bitcoin y albergaba debates sobre criptodivisas, blockchain y Bitcoin. "No podía contener su euforia, como si le hubiera tocado el gordo. Durante un año, se convirtió en su plataforma de referencia para aprender sobre Bitcoin y estar al tanto de todas las actualizaciones y novedades. Otros desarrolladores, programadores y personas interesadas en Bitcoin participaban activamente en interesantes debates. El interés de Roger por la criptomoneda y Bitcoin creció aún más a medida que pasaba el año.

Sin embargo, los primeros años de adopción y uso de Bitcoin estuvieron marcados por varios retos. Al principio, la concienciación pública era limitada y los casos de uso iniciales eran principalmente especulativos o experimentos técnicos. En los primeros años se produjo un lento crecimiento de la base de usuarios y del volumen de transacciones. Además, la minería estaba concentrada en manos de unos pocos individuos, lo que suscitaba preocupación por la centralización y la posible manipulación. El propio Roger se mostraba escéptico ante la centralización de la red. Con el tiempo, surgieron los pools de minería, que distribuyeron el poder y aumentaron la seguridad de la red.

Además, las posibilidades de compra y venta de bitcoins también eran limitadas, lo que dificultaba el acceso a la red de los usuarios corrientes. Al principio, los gobiernos y las instituciones financieras veían Bitcoin con recelo, sin saber cómo regularlo, lo que creaba incertidumbre y dificultaba su adopción por el gran público. En 2010, cuando Roger aún hurgaba en el novedoso mundo de Bitcoin, se topó con un caprichoso post en Bitcointalk que en principio parecía una broma. Se supo que Hanyecz, residente en Florida, acudió al foro de Bitcointalk el 18 de mayo de 2010 con una petición inusual. Anunció su deseo de comprar dos pizzas grandes utilizando Bitcoin y ofreció la friolera de 10.000 BTC a quien cumpliera su pedido de pizza.

El post decía: "Pagaré 10.000 bitcoins por un par de pizzas... quizá dos grandes para que me sobren para el día siguiente". También incluía: "Puedes hacer la pizza tú mismo y traerla a mi casa o pedírmela a un repartidor, pero lo que pretendo es que me entreguen comida a cambio de bitcoins en la que no tenga que pedirla ni prepararla yo mismo." Hanyecz también mencionó los detalles de cómo le gustaría la pizza para quien estuviera interesado en su oferta. En aquel momento, el valor de Bitcoin era inferior a medio céntimo por moneda, lo que hacía que la oferta pareciera extravagante, mientras que muchos la consideraban una broma. Roger vio el post y la respuesta de la gente. Alguien pidió a Hanyecz su dirección, mientras que otro le sugirió que vendiera esos bitcoins en una plataforma de comercio. Personas de otras partes del mundo también saltaron a la palestra, expresando que estarían interesados en la oferta si pudieran ver cómo funcionaría el sistema de pago.

Pasaron los días y parecía que la búsqueda de Hanyecz de pizzas alimentadas con Bitcoin no se cumpliría. El 21 de mayo de 2010, mientras Roger revisaba la discusión, encontró otro comentario de Hanyecz preguntando: "¿Así que nadie quiere comprarme una pizza? ¿Es demasiado baja la cantidad de Bitcoin que ofrezco?". Un día después, el 22 de mayo de 2010, un usuario del foro llamado Jeremy Sturdivant, que respondía al nombre de usuario "Jercos", aceptó el reto. Sturdivant aceptó encargar y entregar las pizzas a Hanyecz a cambio de 10.000 BTC. Para satisfacer el requisito, Hanyecz mencionó que el usuario consiguió que Papa John's le entregara las pizzas a Hanyecz.

Así que, finalmente, alguien le compró a este hombre sus pizzas a cambio de BTC. Roger pensó que parecía que la gente había desarrollado su confianza a su alrededor mientras leía el comentario de Hanyecz sobre el agradecimiento al usuario, Jercos, por cumplir su deseo. Para los entusiastas de las criptomonedas como Roger, fue un gran avance en el ecosistema de las criptomonedas.

El 12 de junio de 2010, Roger volvió a encontrarse con el comentario de Hanyecz, en el que mencionaba mantener la oferta abierta para cualquier interesado. Sin embargo, unos meses más tarde, informó a los usuarios sobre la suspensión de la oferta, ya que no podía generar miles de monedas al día. Al mismo tiempo, su reto "pizzas por Bitcoin" seguía ganando popularidad masiva. Por aquel entonces, nadie sabía que la legendaria transacción supondría un punto de inflexión para el mercado de las criptomonedas. A Roger, sin embargo, la transacción le pareció interesante. "El primer uso documentado de Bitcoin para comprar bienes físicos pasaría sin duda a la historia como un acontecimiento importante", anticipó.

El tiempo que se avecinaba demostró la exactitud de la anticipación de Roger, ya que la transacción que demostró ser el primer caso de uso tangible de la moneda digital sirvió como hito, ayudando a la gente a creer en la legitimidad de la moneda digital. Ese mismo año, otra persona llamada Gavin Andresen, el desarrollador jefe del código de fuente abierta que definía las reglas de la red Bitcoin, ganó popularidad masiva en el incipiente mundo Bitcoin cuando creó un sitio web llamado "The Bitcoin Faucet". Roger visitó la página web por curiosidad, y lo que descubrió le pareció increíble. Al acceder a la página web, ésta mostraba una oferta de regalo de Bitcoin gratis por sólo resolver un captcha.

"Estoy regalando cinco bitcoins por visitante; sólo tienes que resolver el 'captcha', luego introducir tu dirección de recepción de Bitcoin y pulsar obtener". (Un grifo Bitcoin se utiliza para recibir inicialmente una pequeña cantidad de bitcoins en un monedero recién creado para pagar el coste de la transacción o las tarifas de red (gas) para enviar bitcoins a otra dirección de monedero).

"¿En serio? ¿Es una broma o algo así?" pensó Roger mientras recorría la página web.

"En realidad no parece una broma. Bueno, no está de más probarlo, supongo", se dijo y resolvió el sencillo captcha que sólo tardó unos segundos en validarse. Siguió las demás instrucciones y se sorprendió al ver cinco bitcoins transferidos a su cuenta.

"Esto me ayudará a enviar y recibir bitcoins en el nuevo monedero que he creado en Bitcoin Core (nodo completo)", dijo, sin darse cuenta de cómo esos cinco bitcoins le ayudarían más adelante en su vida. El sitio web permaneció operativo durante los dos años siguientes y donó alrededor de 19.700 bitcoins a sus visitantes.

En 2010, cuando el interés de la gente creció aún más y empezaron a surgir diferentes formas de obtener Bitcoin, aparecieron las bolsas de Bitcoin. A Roger le entusiasmó ver el desarrollo del mundo Bitcoin, que parecía hacer accesible la moneda digital a los usuarios de a pie. Más o menos al mismo tiempo, Roger encontró un post en Bitcointalk sobre la idea propuesta de establecer un intercambio de Bitcoin en marcha. Alguien escribió: "Estoy en el proceso de construir un intercambio. Tengo grandes planes para él, pero aún me queda mucho trabajo por hacer. Será un mercado real donde la gente podrá comprar y vender bitcoins entre sí". Otros programadores mostraron interés, y el usuario que había generado la idea compartió los avances con los demás. Con un desarrollo gradual, la plataforma de intercambio se puso en marcha ese mismo año. Funcionaba como cualquier otro intercambio en el que los compradores podían adquirir Bitcoins a cambio de su dinero fiduciario. Los compradores guardaban los Bitcoins en una cuenta hasta que los vendedores recibían su dinero. Los compradores podían adquirir Bitcoins a cambio de dólares estadounidenses transferidos a través de una plataforma como PayPal.

A finales de 2010, Satoshi Nakamoto, el cerebro detrás de la saga Bitcoin, publicó un mensaje en Bitcointalk diciendo: "Hay más trabajo que hacer en DoS, pero estoy haciendo una construcción rápida de lo que tengo hasta ahora, en caso de que sea necesario, antes de aventurarme en ideas más complejas." El mensaje también contenía algunos otros detalles, pero ni Roger ni otros usuarios sabían que era el último mensaje público de Satoshi antes de desaparecer en el aire en abril de 2011. Antes de que cortara la comunicación con el mundo, se estimaba que se había generado alrededor de una cuarta parte del total de 21 millones de bitcoins. Un día, mientras navegaba por Internet, Roger se topó con un intercambio más organizado llamado Mt. Gox, al que se aludió como el primer intercambio de Bitcoin de la historia. En un momento dado, Mt. Gox era una bolsa de Bitcoin con sede en Japón que era la mayor bolsa de criptodivisas del mundo y gestionaba un porcentaje significativo de todas las transacciones de Bitcoin.

"¿De dónde viene este nombre? Mt. Gox... Suena interesante. Déjame ver qué significa", dijo Roger mientras exploraba los detalles de la plataforma. Descubrió que las siglas

"Mt. Gox" significan "Magic: The Gathering Online Exchange". Profundizando en los detalles se descubre que el dominio se adquirió inicialmente en 2007 para facilitar el intercambio de cartas del popular juego de cartas "Magic: The Gathering".

Sin embargo, tras conocer Bitcoin en 2010, el propietario se dio cuenta de la necesidad de un intercambio de Bitcoin y convirtió la plataforma en un intercambio de criptodivisas. Cuanto más profundizaba Roger en el tema, más aumentaba su curiosidad. Se enteró de que la plataforma fue fundada en 2010 por Jed McCaleb, quien más tarde la vendió a Mark Karpeles en marzo de 2011.

Bajo la propiedad de Karpeles, la plataforma se convirtió en una bolsa de Bitcoin. Mt. Gox se convirtió rápidamente en la principal bolsa de Bitcoin, gestionando la mayoría de las transacciones de Bitcoin en todo el mundo. En su punto álgido, se estimaba que gestionaba alrededor del 70-80% de todas las transacciones de Bitcoin.

En 2011, surgieron muchas otras bolsas de Bitcoin, y fue entonces cuando comenzó la infame caída de Mt. Gox, marcada por las brechas de seguridad y las dificultades financieras. Mt. Gox se enfrentó a varias brechas de seguridad a lo largo de los años. En junio de 2011, la bolsa sufrió un importante hackeo que provocó el robo de miles de Bitcoins. A pesar de ello, la plataforma siguió operando. Todo empezó cuando una plataforma, VirWox, empezó a facilitar operaciones entre dólares Linden (la moneda virtual del famoso juego Second Life) y Bitcoins. Otra plataforma, Tradehill, otra bolsa de Bitcoin lanzada en 2011, facilitaba la compra instantánea de Bitcoin sin la condición de presentar órdenes limitadas en las bolsas. Poco después de que McCaleb vendiera la plataforma a Karpeles, un hacker atacó y vendió una cuenta de Mt. Gox con un número importante de Bitcoins, lo que provocó una caída considerable del valor de Bitcoin. El valor de la moneda cayó de 17 dólares a 0 dólares en pocos minutos.

Además, el pirata informático robó otros datos de la plataforma, lo que finalmente obligó al sitio a desconectarse y cesar sus operaciones. A pesar del cierre temporal, solo dos años después el sitio resurgió, gestionando alrededor del 70% del comercio de Bitcoin. En 2013, Mt. Gox experimentó graves problemas técnicos e interrumpió las retiradas de fondos de sus usuarios. La bolsa alegó que se debía a un fallo en el software de Bitcoin, pero surgieron sospechas sobre una mala gestión financiera y una posible insolvencia. El año siguiente, 2014, comenzó con la empresa dominando una parte significativa del comercio mundial de Bitcoin; sin embargo, a finales del segundo mes, la empresa había solicitado la protección por quiebra.

Roger no pudo olvidar el día en que se enteró de repente de que la empresa se había declarado en quiebra. El 7 de febrero de 2014, la compañía restringió todos los retiros de Bitcoin, alegando que la restricción era una pausa temporal para tener una visión clara y técnica del proceso de la moneda. Más tarde, el 24 de febrero de 2014, la empresa suspendió todas las operaciones comerciales e hizo que el sitio web quedara fuera de línea. Todos los usuarios perdieron el acceso a sus cuentas y activos en un abrir y cerrar de ojos. Aunque los activos no se perdieron, los usuarios los congelaron y perdieron el acceso a ellos durante los años siguientes. Más tarde se descubrió que el número de Bitcoins perdidos rondaba los 740.000 y, según algunas fuentes, los 850.000. Esto suponía alrededor del 6% de la pérdida. Esto suponía alrededor del 6% del total de Bitcoins existentes en ese momento.

Además, se descubrió que faltaba una cantidad significativa de unos 27 millones de dólares de la cuenta de la empresa, lo que supuso una importante pérdida financiera y de fondo de comercio. Se informó de que, finalmente, se recuperaron 200.000 bitcoins. Sin embargo, los 650.000 restantes seguían en paradero desconocido. El 28 de febrero de 2014, Mt. Gox solicitó la protección por bancarrota en Japón, declarando que había perdido 850.000 bitcoins (por un valor aproximado de 450 millones de dólares en ese momento) en un ataque informático. La declaración de quiebra reveló que el pasivo de la bolsa superaba a sus activos.

A raíz de estos sucesos, Mark Karpeles se enfrentó a acciones legales en Japón, acusado de malversación y falsificación de registros financieros. Karpeles negó cualquier delito y afirmó que la desaparición de Bitcoins se debía a un pirateo informático. Las investigaciones sobre la quiebra de Mt. Gox continuaron, con las autoridades investigando las circunstancias que rodearon la pérdida de Bitcoins y la posible negligencia por parte de la dirección de la bolsa. La quiebra de Mt. Gox afectó significativamente a la percepción de las bolsas de criptomonedas y puso de relieve la importancia de la seguridad, la transparencia y el cumplimiento de la normativa en el sector de las criptomonedas. También dio lugar a un aumento de los esfuerzos para establecer marcos reguladores para las bolsas de criptomonedas en todo el mundo. Roger, sin embargo, nunca dejó de creer en la moneda digital y reconoció su potencial para transformar los sistemas financieros existentes. En cambio, percibió el colapso de Mt. Gox con un enfoque diferente. Creía que la creación de Mt. Gox y otras de las primeras bolsas de criptodivisas marcó la evolución del panorama de las criptodivisas.

Estas plataformas proporcionaron la infraestructura necesaria para que entusiastas, pioneros e inversores participaran en el floreciente ecosistema Bitcoin. Aunque las primeras bolsas se enfrentaron a dificultades, sentaron las bases para el sólido y diverso panorama actual de las bolsas de criptomonedas, contribuyendo al crecimiento y desarrollo continuos del mercado de activos digitales.

Durante los altibajos de Mt. Gox, Roger conoció Silk Road, el mercado de la red oscura que utilizaba Bitcoin como medio de intercambio.

Famoso por ser el primer mercado en línea de la web oscura, The Silk Road era un mercado en línea de la web oscura conocido por facilitar transacciones ilegales, principalmente de compraventa de drogas ilícitas y otros bienes. La Ruta de la Seda funcionaba como un servicio oculto en la red Tor como parte de la web oscura. Roger buscó el término "dark web" en Google, y los resultados mostraron que la "dark web es una parte de Internet que permite a las personas ocultar su identidad y ubicación a otras personas y a las fuerzas del orden". Profundizando en los detalles, se descubrió que la web oscura es una parte de Internet que se oculta intencionadamente y a la que sólo se puede acceder a través de un software específico, por lo general la red Tor (The Onion Router).

La red Tor es una plataforma de código abierto que enmascara el tráfico en línea, creando anonimato para los usuarios que navegan por distintos sitios web y acceden a servidores. Los usuarios de la web oscura suelen permanecer en el anonimato utilizando software especializado como Tor. Tor dirige el tráfico de Internet a través de una serie de servidores operados por voluntarios en todo el mundo para ocultar la ubicación (o suplantación) del usuario, su dirección IP y su historial de navegación, todo ello encriptado para evitar la vigilancia de la red o el análisis del tráfico. El "enrutamiento cebolla" de Tor encripta los datos en capas, como las capas de una cebolla, dificultando el rastreo del origen de la comunicación, ayudando a proporcionar anonimato tanto a los usuarios como a los sitios web de la web oscura. El uso de la web oscura es controvertido, ya que es famosa por sus actividades ilegales.

Dado que el uso de moneda fiduciaria y plataformas de pago convencionales dio a los reguladores acceso a la información de las transacciones, facilitando su capacidad para rastrear y atrapar a los autores, el pago de elección se convirtió rápidamente en bitcoin, impulsando la demanda de los usuarios para obtener las monedas.

La creación de un mercado funcional para la criptodivisa y el Bitcoin era muy demandada. La Ruta de la Seda se convirtió en pionera al ofrecer a Bitcoin uno de sus primeros casos de uso para almacenes anónimos de valor para realizar transacciones entre compradores y vendedores de bienes. Operada por Ross Ulbricht bajo el seudónimo de "Dread Pirate Roberts", la Ruta de la Seda se hizo tristemente famosa por su papel en la economía sumergida. Ross Ulbricht lanzó la Ruta de la Seda en 2011 como un servicio oculto de Tor, proporcionando a los usuarios una plataforma para transacciones anónimas de mercado. El mercado ganó popularidad por su interfaz fácil de usar y la posibilidad de realizar transacciones fuera del alcance de las fuerzas de seguridad tradicionales.

Debido a su modelo único, Silk Road se convirtió rápidamente en un centro de actividades ilegales, como el tráfico de drogas, la venta de divisas falsificadas, herramientas de piratería informática y mucho más. Las criptomonedas, en particular Bitcoin, eran el principal medio de intercambio, ya que el libro blanco de Bitcoin definía sus características de privacidad como que "el público puede ver que alguien envía una cantidad a alguien, pero sin información que vincule la transacción con nadie". A medida que Silk Road ganaba notoriedad, las fuerzas del orden, incluido el FBI, iniciaron investigaciones para identificar y detener a los implicados en el funcionamiento del mercado. El anonimato proporcionado por

Tor y las criptomonedas planteó retos a las autoridades. El caso Silk Road llamó la atención sobre el uso de criptomonedas para actividades ilegales, lo que suscitó preocupación por su posible uso indebido. También suscitó debates sobre la necesidad de marcos reguladores y capacidades policiales en el espacio de los activos digitales.

Como resultado de los interrogatorios y las acciones contra el mercado clandestino, el FBI tomó medidas enérgicas contra el mercado ilegal de drogas, detuvo a los culpables acusados, clausuró permanentemente el sitio e incautó alrededor de 144.000 bitcoins (8.600 millones de dólares en 2024). El caso Silk Road tuvo implicaciones de gran alcance, que influyeron en la percepción pública, los debates sobre regulación y las estrategias de aplicación de la ley en el ecosistema de las criptomonedas. Subrayó los retos asociados al anonimato en las transacciones en línea y destacó la importancia de equilibrar la privacidad con la seguridad en el cambiante panorama digital.

Entre los pioneros, como Roger y Hanyecz, estaba Charlie Shrem, un joven licenciado en Economía y Finanzas que era estudiante universitario cuando surgió Bitcoin. Nacido de padres judíos, siempre aspiró a convertirse en rabino. Sin embargo, el destino tenía otros planes para él. Al ver el potencial de la criptomoneda, Shrem empezó a invertir en Bitcoin. Sin embargo, su viaje no resultó ser un camino de rosas, ya que perdió la apuesta como consecuencia de una caída en su servicio de almacenamiento. La pérdida no amargó sus sentimientos hacia la moneda digital. Al contrario, se inspiró en ella y lanzó BitInstant, una plataforma que ayuda a los usuarios a convertir su dinero fiduciario en criptomoneda. Con el tiempo, BitInstant demostró ser un éxito masivo y, en un momento dado, representó alrededor del 30% de todas las transacciones de Bitcoin. El notable rendimiento de la empresa atrajo enormemente la atención de la gente, atrayendo a varios inversores. En medio de la creciente popularidad de BitInstant, Charlie Shrem se describió a sí mismo como un "purista del Bitcoin".

Como firme y vocal defensor de las monedas digitales, en particular Bitcoin, Charlie Shrem experimentó un aumento vertiginoso de su riqueza. Luego vino una fase oscura en la brillante vida y carrera de Charlie Shrem cuando fue encarcelado durante dos años en 2014. Durante el caso Silk Bank, Shrem fue acusado de su participación indirecta en una transacción masiva de alrededor de un millón de dólares en bitcoin en un mercado negro de intercambio. Las graves acusaciones le llevaron a una condena de dos años de cárcel. Los informes de la investigación revelaron que el incidente se produjo en 2012, cuando Shrem facilitó a Robert Faiella la realización de una transacción de Bitcoin en Silk Road. Mientras Fiella se declaraba culpable, Shrem fue sorprendido bajo investigación, declarándose más tarde oficialmente culpable en 2014. Los múltiples litigios y las penas hicieron que Shrem perdiera casi todo su dinero.

Tras salir de prisión, Shrem continuó siendo un firme defensor de las monedas digitales y Bitcoin. La historia de Roger fue aún más divertida.

La exploración del caso Silk Road llevó a Roger a sí mismo en el estudio de Charlie Shrem, Roger, y otros adoptantes tempranos de Bitcoin y cryptocurrency. A pesar de soñar en su infancia con convertirse en conductor de camiones de basura, Roger estaba destinado a explorar el mundo de la criptodivisa y ganar popularidad masiva en el ecosistema de la criptodivisa, lo que le dio el nombre de "Bitcoin Jesus".

Se dio cuenta cuando compró Baklava por 14 BTC a otro de los primeros usuarios de Bitcoin, Mandrick. Sin embargo, descubrió Bitcoin en 2011 y lo calificó como "uno de los inventos más importantes de la historia de la humanidad". Cuando Bitcoin valía menos de 1 dólar en sus inicios, Roger se dio cuenta de su potencial y reunió unos 400.000 BTC. Sin embargo, más tarde, su colección se redujo en el proceso de difundir la criptomoneda entre el público y apoyar financieramente el lanzamiento de varias startups de Bitcoin. Incluso se convirtió en uno de los primeros inversores de la empresa BitInstant, fundada por Charlie Shrem. El año 2013 vio cómo el precio del Bitcoin subía por primera vez, alcanzando los 1.000 dólares. "Eso es masivo", pensó Roger mientras veía las noticias. Su mente se dirigió hacia los 5 BTC que había ganado en la web "Bitcoin Faucet".

Sin embargo, la subida de precios no pasó la prueba del tiempo y bajó rápidamente. Roger recordó lo que el director ejecutivo de Euro Pacific Capital, Peter Schiff, había dicho sobre la extraordinaria subida del valor de BTC. Dijo: "Una burbuja es una burbuja. Y hay una burbuja en Bitcoin". Las personas que habían invertido en Bitcoin, viendo la enorme subida de precios y anticipando que la tendencia de crecimiento continuaría, perdieron una cantidad considerable de sus inversiones. No sólo los pioneros perdieron una cantidad sustancial de dinero, sino que la opinión pública sobre la moneda digital y los Bitcoins también fue testigo de algunas tendencias negativas. Sin embargo, la repentina subida y posterior bajada de los precios resultó ser un hito importante en el viaje de crecimiento de Bitcoin. Fue entonces cuando Roger vio a mucha gente hablando y aprendiendo sobre la criptodivisa. Algunos incluso compraban bitcoins después de oír hablar de ella por primera vez. Sin embargo, Roger se dio cuenta de que esta rápida apreciación del precio no era la primera vez en la historia del precio de Bitcoin. Mirando hacia atrás en el desarrollo de Bitcoin, se dio cuenta de que la moneda había sido testigo de "períodos de burbuja" antes, también, cuando el precio de Bitcoin subió y luego cayó bruscamente.

La primera fue en febrero de 2011, cuando el BTC alcanzó los 1,06 dólares. Ese momento se llamó más tarde el Gran Slashdotting o el Día de la Paridad del Dólar. Todo ocurrió cuando Bitcoin fue mencionado en la plataforma agregadora de noticias Slashdot y despertó el interés de destacados expertos y entusiastas de la tecnología como McCaleb y Jeff Garzik. El creciente interés impulsó entonces al alza el valor del Bitcoin, que alcanzó por primera vez el valor de un dólar. Sin embargo, el fuerte aumento fue pronto seguido por una repentina caída de valor el 5 de abril de 2011, cuando un BTC se valoró en 0,67 dólares. Más tarde ese mismo año, en junio, Bitcoin fue testigo de una burbuja salvaje cuando se publicó un artículo sobre el potencial de la criptodivisa para comprar drogas y artículos ilegales en sitios web de la "web oscura" como Silk Road.

Las revelaciones y afirmaciones realizadas en el artículo, combinadas con los intercambios de Bitcoin que facilitaban la compra de tokens, provocaron un aumento masivo del valor de Bitcoin de 10 a 30 dólares. Al igual que la vez anterior, los meses siguientes trajeron un descenso del valor que se estableció en 2,14 dólares. La tercera burbuja fue la milenaria, cuando en 2013 el BTC alcanzó los 1.000 dólares. Aunque los precios cayeron más tarde, todavía mantuvieron una acción de precios en aumento durante un poco más de tiempo, estableciéndose finalmente en 172,15 dólares en enero de 2015.

"Fue sin duda un viaje lleno de baches, pero los resultados son inevitables. Cada vez que la burbuja se desplomaba, el precio de Bitcoin se establecía en un punto más alto que el mínimo anterior", exclamó Roger al recordar los altibajos del viaje de Bitcoin para ganar valor.

Teniendo en cuenta las deficiencias de privacidad percibidas en Bitcoin, Monero (XMR) se introdujo en 2014 como una criptomoneda que hace especial hincapié en la privacidad y el anonimato. El objetivo principal de Monero es proporcionar a los usuarios una mayor fungibilidad, privacidad y seguridad en sus transacciones financieras. La moneda utiliza una tecnología denominada firmas en anillo para ocultar el origen de las transacciones. En una transacción típica de criptomoneda, la identidad del remitente está vinculada a la transacción. Con las firmas en anillo, se utilizan varias claves públicas, incluida la del remitente, para crear un anillo de posibles firmantes, lo que dificulta determinar qué clave específica inició la transacción. Desde la aparición de Monero en 2014, se ha convertido en una opción popular entre los usuarios de la dark web por su función de protección de la privacidad a toda prueba.

Otro acontecimiento que reforzó la confianza de Roger en Bitcoin fue cuando, en 2013, Reddit empezó a aceptar pagos en Bitcoin por una membresía específica.

Un gran acontecimiento del mismo año fue cuando un tribunal estadounidense declaró que Bitcoin era una forma de moneda o dinero. Roger consideró que esa sentencia era histórica para definir el valor de Bitcoin y allanar el camino para su futuro crecimiento. Ese mismo año se instaló el primer cajero automático de Bitcoin en una cafetería de Vancouver. Roger sabía que los horizontes de crecimiento de esta moneda transformadora eran ilimitados y que no debía dejar de desempeñar su papel en el crecimiento y desarrollo de Bitcoin.

Comprendió que el impacto del aumento de valor de Bitcoin en los primeros inversores era profundo, marcando un punto de inflexión significativo en sus carteras financieras.

Los primeros inversores, incluidos visionarios como Roger y Charlie Shrem, obtuvieron importantes beneficios de sus inversiones a medida que el valor de Bitcoin aumentaba con el tiempo. Cuando el precio era mínimo, los que reconocieron su potencial en las fases iniciales experimentaron un crecimiento exponencial del valor de sus participaciones. La naturaleza descentralizada de Bitcoin permitió a los primeros inversores beneficiarse de su escasez, ya que la oferta fija de 21 millones de monedas contribuyó a aumentar la demanda. A medida que más particulares e inversores institucionales reconocieron el potencial transformador de la criptomoneda, el mercado fue testigo de un aumento de la demanda, lo que provocó un incremento sustancial del precio de Bitcoin.

El impacto en los primeros inversores fue más allá de las ganancias financieras. Desempeñaron un papel crucial en la configuración de la narrativa en torno a Bitcoin, abogando por su adopción y disipando el escepticismo. A medida que Bitcoin fue ganando atención y aceptación, los primeros inversores se situaron a la vanguardia de una revolución financiera.

Contemplando los factores que condujeron al crecimiento de Bitcoin, Roger concluyó que la creciente aceptación y adopción de Bitcoin como forma legítima de inversión y medio de pago desempeñó un papel crucial. Con más empresas y particulares aceptando Bitcoin, su valor y uso aumentaron en las transacciones cotidianas.

Además, dado que Bitcoin tiene una oferta limitada de 21 millones de monedas, esta escasez y el aumento de la demanda tienden a hacer subir el precio. La participación de inversores institucionales y grandes empresas en el espacio de las criptomonedas proporcionó validación y legitimidad a Bitcoin. Por último, cree que el creciente conocimiento y comprensión de Bitcoin por parte del público contribuyó a aumentar la confianza y la adopción. A medida que más gente se familiarizaba con la tecnología y su potencial, aumentaba la demanda de Bitcoin como moneda y depósito de valor descentralizado y sin fronteras. Teniendo en cuenta el inmenso potencial y crecimiento de Bitcoin, Roger estaba listo para sumergirse en la minería de Bitcoin y darse cuenta de su verdadero potencial.

Capítulo 3: El desarrollo de las criptomonedas

En medio de las fluctuaciones de valor y otros acontecimientos en el ecosistema de la criptodivisa, lo que nunca cambió fue el desarrollo de la criptodivisa. Cuando Roger se sumergió en el mundo de la minería de Bitcoin, se dio cuenta de que algunas otras criptodivisas habían pasado a formar parte del ecosistema de las criptodivisas y se conocían como altcoins. Cuando Bitcoin cobró impulso y captó la atención del mundo con su revolucionaria tecnología blockchain, allanó el camino para la aparición de un ecosistema diverso de criptodivisas. Estos activos digitales, conocidos colectivamente como altcoins, comenzaron a proliferar, cada uno ofreciendo sus características, casos de uso e innovaciones únicas.

Al indagar sobre el término, Roger descubrió que "toda criptodivisa que no es el Bitcoin original se considera una alternativa a él, de ahí que sea una moneda alternativa o altcoin".

"Ah, ¿entonces una altcoin es cualquier criptodivisa que no sea Bitcoin?", exclamó Roger. La introducción de criptodivisas alternativas presagiaba que la gente había empezado a confiar en la idea de las criptodivisas como Roger había anticipado. Su confianza en el potencial de las criptodivisas se fortaleció aún más.

El año 2011, cuando el valor de Bitcoin experimentó su primera burbuja, aumentó significativamente su popularidad y atrajo a la gente hacia la idea de los bitcoins. Ese mismo año surgieron varias criptodivisas rivales. La popular plataforma Bitcointalk.org se convirtió en una de las plataformas a las que acudía Roger para mantenerse al día sobre los últimos avances del ecosistema. El 9 de octubre de 2011, un titular llamativo captó la atención de Roger al ver un post con el título "Litecoin- una versión lite de Bitcoin. Lanzamiento".

"Esto parece interesante", exclamó Roger cuando empezó a leer el post, con las pupilas dilatándose a medida que su cerebro registraba la información que había ojeado en el post. Mencionaba: "Litecoin es el resultado de algunos de nosotros que nos unimos en IRC para crear una moneda alternativa real similar a Bitcoin. Queríamos hacer una moneda que fuera plata al oro de Bitcoin".

También destacaba algunas de las otras monedas alternativas que se habían lanzado junto con sus inconvenientes y luego explicaba cómo Litecoin podía resolver los problemas que tenían otras monedas. La moneda se basaba en el último código de Bitcoin, y el autor mencionaba: "Hemos ideado un plan que creemos que es el más justo. Algunas monedas anteriores se lanzaron sin los binarios de Windows o sin el código fuente; lo consideramos tan injusto como inseguro. Hemos publicado el código fuente y los binarios con antelación... tres días antes del lanzamiento".

Después de que se realizara una encuesta sobre el momento del lanzamiento, Litecoin se lanzó el 12 de octubre de 2011 y ganó una tracción masiva. El ex ingeniero de Google Charlie Lee creó la moneda, y las especulaciones sugirieron que la moneda pretendía mejorar las deficiencias de Bitcoin, ofreciendo tiempos de transacción más rápidos y un algoritmo hash diferente. Roger empezó a minar Litecoins para verificar la autenticidad de las afirmaciones hechas en la discusión de Bitcointalk.org. Tras hacer un seguimiento de Litecoin, se dio cuenta de que, tal y como se había prometido, Litecoin reducía significativamente el tiempo de construcción de bloques de 10 a 2,5 minutos. Tenía un límite de acuñación de 84 millones de monedas, frente a los 21 millones de Bitcoin, y la división a la mitad se producía cada 840.000 bloques. Sin embargo, la afirmación de que "queríamos la mejor innovación de Bitcoin y estas otras monedas para crear una moneda con todos sus beneficios, pero casi ninguno de sus problemas" no era del todo válida. Litecoin tuvo algunos problemas que frenaron su eficiencia y bloquearon su camino para convertirse en la mejor alternativa a Bitcoin. La reducción de tiempo provocó una serie de retos y problemas de eficiencia. Uno de ellos fue el aumento del número de bloques huérfanos -cualquier bloque que no está en la cadena principal tras un conflicto temporal en el libro mayor.

Los bloques huérfanos son los bloques legítimos cuyos padres son inexistentes o desconocidos. Aunque el bloque es válido y está resuelto dentro de la red blockchain, no es aceptado por la red porque se está añadiendo otro bloque válido a la red al mismo tiempo. Ese mismo año también se introdujeron otras altcoins, como Namecoin y Swiftcoin. Al igual que Litecoin, otras altcoins ofrecían mejoras incrementales al protocolo original de Bitcoin. Al año siguiente, en noviembre de 2012, se produjo la primera reducción a la mitad de Bitcoin, marcando un acontecimiento significativo en la historia de Bitcoin. Aunque inicialmente no tuvo un impacto significativo en el valor de Bitcoin, los impactos se hicieron visibles gradualmente a medida que el valor de Bitcoin aumentaba constantemente el año siguiente. En 2014, se lanzó otra altcoin notable, Monero (XMR), que abordaba específicamente los problemas de privacidad de Bitcoin. Al igual que Litecoin, Monero también se presentó en la plataforma Bitcointalk con un post que decía: "Lanzamiento de Bitmonero, una nueva moneda basada en la tecnología CryptoNote." Lanzada como una criptodivisa centrada en la privacidad, Monero ofrecía características de anonimato mejoradas en comparación con Bitcoin. Su implementación de firmas en anillo y direcciones ocultas tenía como objetivo proporcionar a los usuarios una mayor privacidad y fungibilidad, abordando las preocupaciones sobre la trazabilidad de las transacciones en la blockchain de Bitcoin. Para entonces, Brain Armstrong y Fred Ehrsam habían lanzado Coinbase, la bolsa de criptodivisas más reconocida del mundo.

Un año después, se lanzó el proyecto Ethereum tras la caída de Mt. Gox en 2015. Para entonces, Roger ya era bastante experto en comprender las funciones de las criptodivisas. Otro acontecimiento notable fue el lanzamiento de Ethereum en 2015. El programador ruso-canadiense Vitalik Buterin la creó en 2013. Sin embargo, no lanzó la blockchain de Ethereum hasta 2015. Ethereum llevó el concepto de tecnología blockchain un paso más allá al permitir el desarrollo de aplicaciones descentralizadas (DApps) y contratos inteligentes. Su blockchain flexible y programable desencadenó una ola de innovación, creando una amplia gama de tokens y proyectos construidos sobre su plataforma.

Roger consideró el lanzamiento de Ethereum como la primera implementación realmente valiosa de las ideas que funcionan detrás de Bitcoin.

"Este lanzamiento parece suponer un gran avance en el mundo de las criptodivisas", pensó Roger cuando descubrió los contratos inteligentes, una tecnología que permite que la blockchain albergue aplicaciones de software en ella a la vez que facilita las criptotransacciones. Los validadores que añaden bloques a la cadena de bloques en un sistema de prueba de participación que utiliza el protocolo/la cadena de bloques de Ethereum reciben Ether (ETH), la criptodivisa. Roger vio que la gente utilizaba los términos Ether y Ethereum indistintamente en el mundo de las criptomonedas; sin embargo, él conocía la diferencia entre ambos.

Al examinar las distintas altcoins, Roger descubrió que las principales ventajas que ofrecían sobre Bitcoin eran una mayor velocidad, un mayor anonimato y un acceso más fácil. La proliferación de altcoins dio lugar a varios estándares y categorías de tokens. Roger descubrió que las altcoins que se estaban introduciendo variaban enormemente en cuanto a su naturaleza y funcionalidad. Entre las más populares se encuentran los tokens de utilidad, las stablecoins y los tokens de seguridad.

Los tokens de utilidad son activos digitales que proporcionan acceso a un producto o servicio dentro de un ecosistema blockchain específico. "Entremos en más detalles", dijo Roger, buscando una definición más completa y significativa. Descubrió que "se refieren a tokens basados en blockchain que tienen un uso específico y ofrecen utilidad. Se crean en una blockchain y son nativos de la plataforma en la que se crean". A menudo se emiten durante Ofertas Iniciales de Monedas (ICO) o Eventos de Generación de Fichas (TGE) y representan una forma de propiedad de activos digitales. Los tokens de utilidad pueden conceder a sus titulares derechos o privilegios dentro de una aplicación o plataforma descentralizada (DApp), como derechos de voto, acceso a funciones premium o descuentos en servicios. "Ah, así que el Ether (ETH) de Ethereum es un token de utilidad, que alimenta las transacciones en la red Ethereum y se utiliza para pagar las tasas de gas al ejecutar contratos inteligentes", los ojos de Roger brillaron al comprender el concepto de token de utilidad. A continuación, exploró los otros tipos de altcoins.

Stablecoins, como su nombre indica, es una altcoin que pretende ofrecer estabilidad de precios en comparación con Bitcoin. Para entenderlo mejor, Roger buscó otras fuentes.

Encontró que "Una stablecoin es una criptodivisa que pretende mantener la estabilidad de precios vinculando su valor monetario a una moneda fiduciaria determinada, normalmente en una relación de uno a uno". Dado que el valor de un activo estable está respaldado por su valor de mercado, facilita la estabilidad de precios, algo que no existe en los bitcoins. A diferencia de otras criptodivisas, las stablecoins pretenden mitigar la volatilidad de los activos digitales, lo que las hace adecuadas para transacciones cotidianas, remesas y estrategias de cobertura.

Roger también descubrió que las stablecoins pueden vincularse a monedas fiduciarias como el dólar estadounidense (USD), materias primas como el oro u otras criptodivisas. Proporcionan estabilidad y liquidez a los mercados de criptomonedas y tienden un puente entre las finanzas tradicionales y la economía descentralizada. En su búsqueda de las mejores stablecoins, los nombres de Tether (USDT), USD Coin (USDC) y Dai (DAI) encabezaron las listas.

Por último, exploró los tokens de seguridad, entendiendo que "un token de seguridad es un token criptográfico que está vinculado a una oferta de valores". Los tokens de seguridad representan la propiedad de un activo subyacente, similar a los valores tradicionales como acciones, bonos o bienes inmuebles. A diferencia de los tokens de servicios públicos, los tokens de seguridad están sujetos a supervisión reguladora, ya que suelen derivar su valor de activos externos negociables. Estos tokens se emiten a menudo a través de ofertas de tokens de seguridad

(STO) y ofrecen a los inversores la posibilidad de obtener rendimientos financieros basados en el rendimiento del activo subyacente.

"Por lo tanto, los tokens de seguridad son una especie de capital compartido por las empresas de blockchain", resumió Roger la información para una rápida y mejor comprensión. Con el tiempo, otros tipos de altcoins, como las meme coins, los tokens de gobernanza y los tokens de jugar para ganar, surgieron y ganaron atención.

Las meme coins, en particular Dogecoin, el buque insignia de las meme coins, se hicieron significativamente populares. Lo que más sorprendió a Roger sobre su popularidad fue que esas monedas se crearon inicialmente como una broma. Dogecoin, "el cripto movimiento accidental que hace sonreír a la gente", fue creado por Billy Marcus, ingeniero de software de IBM, y Jackson Palmer, ingeniero de software de Adobe, y lanzado en diciembre de 2013. Aunque las meme coins ganaron la atención del público, su bajo precio por unidad debido a la alta oferta limitó su adopción entre los inversores.

Con el tiempo, el interés de Roger por el mundo de las criptodivisas fue aumentando a medida que empezaba a minar diferentes monedas, entre ellas Bitcoin. Recordó el 31 de julio de 2013, cuando estaba recorriendo el foro Bitcointalk y se topó con el post de un tipo llamado J.R. Willett. Decía: "Estoy muy emocionado de anunciar que ahora tengo una especificación completa para construir una capa de protocolo sobre Bitcoin (como HTTP se ejecuta sobre TCP/IP)."

El autor llamó a la nueva capa de protocolo "MasterCoin" y afirmó haber inventado y publicado ese nombre antes de la introducción de la altcoin del mismo nombre. El post también revelaba que Las monedas de la nueva capa tienen,

- *Funciones de seguridad adicionales para que su dinero sea mucho más difícil de robar.*

- *Soporte incorporado para un cambio de divisas distribuido.*

- *Soporte incorporado para apuestas distribuidas (no es necesario confiar en un sitio web para coordinar las apuestas).*

- *Soporte integrado para "propiedad inteligente" que puede utilizarse para crear y transferir propiedades como títulos, escrituras o acciones de una empresa.*

- *Capacidad para mantener un valor estable definido por el usuario, como una onza de oro o un dólar estadounidense, sin necesidad de confiar en una persona que prometa respaldar ese valor.*

El post también decía que los "MasterCoins pretenden ser una oportunidad de inversión a la par que la compra de bitcoins cuando salieron por primera vez".

"Así que esto es una especie de propuesta de recaudación de fondos, y el tipo debe tener la intención de financiar su idea", dedujo Roger tras leer el hilo completo. Su análisis fue acertado, ya que Willet empezó a pedir algunas donaciones de BTC. Para mantener motivados a los inversores, reveló: "Una vez que posees MasterCoins, tienes los bloques de construcción para crear GoldCoin, USDCoin, EuroCoin y cualquier otro activo del mundo real que puedas imaginar." Roger leyó el documento y analizó los riesgos de invertir en MasterCoin, explicados por Willett. Uno de ellos decía: "MasterCoins es una moneda experimental, construida sobre otra moneda experimental (bitcoin). Los riesgos y las recompensas potenciales son extremos". Roger siguió el hilo para seguir el progreso y descubrió que la propuesta recibió una respuesta masiva de la gente en agosto; se recaudaron aproximadamente 4740 BTC (500.000 dólares en aquel momento). La recaudación de fondos se conoció como la primera ICO (Initial Coin Offering), en la que se enviaron BTC a la "Exodus Address", lo que dio lugar a la creación de MasterCoins. La "Exodus Address" era similar a la cadena de bloques de Bitcoin, Genesis Block, que dio lugar a la creación de Bitcoin.

Al investigar sobre las ICO, Roger descubrió que "En una ICO, una startup crea y distribuye sus "tokens digitales", normalmente a cambio de Bitcoin, Ethereum o monedas fiduciarias (por ejemplo, dólares estadounidenses), con el fin de recaudar capital para financiar sus operaciones".

Las Ofertas Iniciales de Monedas (ICO) se lanzaron como medio de crowdfunding. De forma similar a una OPI (Oferta Pública Inicial), en la que una empresa pone sus acciones a la venta para que el público en general las adquiera con el fin de recaudar fondos, las OIC también eran una forma de recaudación de fondos.

En estas ofertas, las criptomonedas se ofrecían en forma de tokens a los inversores a cambio de sus bitcoins. Los inversores pueden conservar los tokens, esperando que el proyecto tenga éxito y que el valor de los tokens aumente y proporcione beneficios a los inversores. A diferencia de las OPI, en las que los inversores obtienen tokens de seguridad para recibir derechos a dividendos, las ICO ofrecen tokens de utilidad en los que los inversores tienen derecho a utilizar los productos. "Los tokens de utilidad son tokens destinados a proporcionar acceso digital a una aplicación o servicio".

Después de estudiar varias ICO y sus operaciones, Roger comprendió que el objetivo principal de las ICO era recaudar fondos para el desarrollo y la implementación de proyectos basados en blockchain. Los proyectos incluían aplicaciones descentralizadas (DApps), plataformas, protocolos y activos digitales. Estos proyectos pretendían abordar diversos retos de la industria, innovar los procesos existentes y crear nuevas soluciones descentralizadas en diferentes sectores de la industria.

Con el tiempo, observó que los tokens de las ICO cumplían múltiples funciones dentro del ecosistema del proyecto. Además de la función principal de recaudación de fondos, los tokens de las ICO proporcionan a sus titulares acceso a productos, servicios o funcionalidades específicos. También ofrecían a los inversores la oportunidad de invertir en proyectos de blockchain en fase inicial y beneficiarse del éxito previsto del proyecto. Aunque el éxito de los proyectos no estaba garantizado, los inversores podían participar en las ICO con la expectativa de una revalorización y un posible retorno de la inversión.

La gente creía que los años posteriores a 2015 trajeron una avalancha de ICOs. Sin embargo, Roger pensaba que el concepto de las ICO había surgido bastante antes. Recordó sus memorias de 2013 cuando oyó hablar de MasterCoin y algunos otros proyectos similares que hacían precisamente lo que las ICOs se referían. Roger consideraba que el desarrollo del mercado de las criptomonedas se había visto muy influido por las ofertas iniciales de monedas (OIC), que ofrecen a las empresas emergentes y a los emprendimientos basados en blockchain una forma novedosa de recaudar dinero. Las ICO surgieron como un método popular para que empresarios y desarrolladores recaudaran capital emitiendo tokens digitales a los inversores a cambio de aportaciones de criptodivisas, normalmente Bitcoin (BTC) o Ethereum (ETH). Los tokens emitidos durante las ICO representan una forma de propiedad de activos digitales y a menudo conceden a sus titulares acceso a los productos, servicios o ecosistema de un proyecto.

En su opinión, las ICO democratizaron el acceso al capital, permitiendo a proyectos innovadores y startups recaudar fondos directamente de un grupo mundial de inversores sin depender de intermediarios financieros tradicionales como bancos o inversores de capital riesgo. El modelo descentralizado de recaudación de fondos permitió a los emprendedores perseguir sus ideas e iniciativas, fomentando la creatividad, la innovación y la competencia dentro del espacio blockchain. También facilitaron el lanzamiento de una amplia gama de proyectos, incluidas aplicaciones descentralizadas (DApps), plataformas blockchain, monedas digitales y tokens de utilidad para diversas industrias.

La evolución del ecosistema de las criptomonedas demostró que las ICO allanaron el camino para la tokenización de activos del mundo real. Este desarrollo permitió la representación de activos físicos o digitales como tokens basados en blockchain. Como resultado, los inversores podían tener una propiedad fraccionaria con mayor transferibilidad y liquidez de activos tradicionalmente no líquidos. Como las OIC permitían a las empresas tokenizar activos como bienes inmuebles o capital social, ofrecían a los inversores nuevas oportunidades de inversión y clases de activos que antes no estaban disponibles en los mercados tradicionales.

La avalancha de ICOs incluyó varias ofertas legítimas; sin embargo, no estaban completamente protegidas de los esquemas de "hágase rico rápido", y algunas otras eran sólo ofertas estafadoras. La aparición de las criptomonedas y las ofertas iniciales de monedas (ICO) dio lugar a debates sobre las leyes que rigen estas entidades. Las ofertas iniciales de monedas (OIC) han ganado popularidad como medio de recaudar fondos para proyectos mediante la venta de tokens a los inversores. Sin embargo, la integridad del mercado y la protección de los inversores se han puesto en tela de juicio debido a la ausencia de supervisión gubernamental y al aumento de las tramas de fraude.

Una de las estafas que cobró más fuerza fue la de "pump and dump". El esquema se construyó en torno a los principios de la oferta y la demanda, donde la gente comenzó a bombear intencionadamente criptodivisas en el mercado mediante la compra de grandes cantidades antes de su lanzamiento o creación. Los autores de las monedas o contratos realizaban compras masivas, lo que hacía subir rápidamente el precio y aumentaba la especulación y el miedo a perderse algo (FOMO) entre los compradores minoristas. Una vez que el valor de la moneda alcanzaba su punto máximo, el creador del contrato retiraba la liquidez o vendía o se deshacía de la moneda al precio más alto, lo que sólo beneficiaba al creador del contrato o a los primeros compradores de la moneda.

La investigación en profundidad de los esquemas de pump and dump reveló que "P&D es una forma de manipulación de precios que consiste en inflar artificialmente el precio de un activo antes de vender el activo comprado a bajo precio a un precio más alto. Una vez que los activos son objeto de dumping, el precio cae y los inversores pierden dinero".

Roger invirtió gran parte de su tiempo y sus esfuerzos en estudiar los esquemas de P&D y encontró algunas formas de identificar dichos esquemas para evitar ser víctima de ellos. Se dio cuenta de que, para identificar estas estafas, debía ser consciente de las tendencias inusuales del mercado, como un repentino aumento de la compra de una criptodivisa concreta sin ningún factor razonable que justifique el aumento de la demanda. Además, evitar que las emociones tomaran el control al tomar la decisión de inversión era crucial para evitar comprar tokens con antecedentes susceptibles o código malo/explotable. No obstante, invertir en criptomonedas con una estructura fiable y respaldadas por personalidades creíbles también podía ser una forma de evitar estafas. Roger decidió incorporar estos consejos para reducir el riesgo de ser estafado, ya que no era de los que abandonan una moneda viable y prometedora por meros riesgos y controversias.

Además de la trama de "pump-and-dump", otras controversias y problemas regulatorios también rodearon a las ICO, y los reguladores de todo el mundo comenzaron a examinar estos eventos de recaudación de fondos para abordar los riesgos potenciales. Una de las principales preocupaciones que Roger identificó en torno a las OIC fue la falta de mecanismos de protección de los inversores en comparación con los instrumentos de inversión tradicionales.

Dado que el funcionamiento de las OIC difería de las ofertas de valores tradicionales, dejaban a los inversores expuestos a tramas fraudulentas, estafas y manipulación del mercado. Además, las tácticas de manipulación del mercado, como el uso de información privilegiada y la manipulación de precios, también planteaban riesgos sistemáticos para el ecosistema y socavaban la confianza de los inversores. Inicialmente, el panorama de las ICO no estaba regulado, lo que creó incertidumbre entre los usuarios. En 2017, un año después de que se produjera la segunda reducción a la mitad del Bitcoin, Roger se encontró rodeado de multitud de criptodivisas que competían con las ya existentes y aspiraban a convertirse en la mejor alternativa al Bitcoin.

Ether, la criptodivisa de gran liquidez de la blockchain 2.0 de Ethereum, acaparó la mayor atención. Aunque el suministro de monedas de Ether no era limitado, su fundador, Vialik Buterin, reveló que el suministro de las monedas no llegaría a más de 100.000.000 ETH en un futuro próximo.

"¿De verdad crees que Ether puede robarle el trueno a Bitcoin este año?". preguntó Roger a uno de sus amigos, también entusiasta de las criptodivisas como él.

"¿Recuerdas cuando Ethereum recaudó dinero a través de ICO en 2014?", preguntó su amigo.

"Por supuesto; ¿cómo puedo olvidar que recaudó alrededor de 31.000 BTC en unas pocas horas en aquel entonces?", respondió Roger.

"El número de BTC recaudados a través de esa ICO dice mucho de la confianza de la gente en esta moneda", dijo el amigo de Roger.

"Estoy de acuerdo".

"Ahora, la plataforma permite a la gente negociar criptodivisas de forma similar a las acciones públicas. ¿No es un gran avance?", preguntó su amigo, y Roger no pudo estar más de acuerdo.

Sin embargo, durante el tiempo que se avecinaba, vio cómo los gobiernos mostraban su preocupación por la legitimidad y la regulación de la blockchain de Ethereum, lo que llevó a China a prohibirla por completo, mientras que la SEC ponía sus ojos vigilantes en Ethereum para rastrear actividades que podrían haber pasado desapercibidas para los flecos de seguridad. "Esta saga de Bitcoin no parece detenerse sin revolucionar los sistemas financieros existentes, y el mundo no está preparado para experimentar la innovadora progresión que le espera", murmuró Roger mientras miraba por la ventana mientras en su ordenador brillaban las palabras "257 millones de dólares": Filecoin bate el récord histórico de financiación de ICO". A continuación, entró en los detalles de la noticia que había tomado por asalto el mundo de las criptodivisas. Protocol Labs recaudó la friolera de 245 millones de dólares en una hora para Filecoin, que se convirtió en la oferta de monedas digitales de moda en ese momento.

Mirando hacia delante, Roger sabía que el futuro de la criptomoneda prometía innovación y disrupción continuas a medida que los desarrolladores y emprendedores exploraran nuevas aplicaciones y casos de uso.

Como Roger había anticipado, el año 2017 marcó un auge de Bitcoin y las criptomonedas. Con Ethereum facilitando la aparición de las finanzas descentralizadas (DeFi) y los tokens no fungibles (NFT) hasta las monedas digitales de bancos centrales

(CBDC) y los pagos transfronterizos, la criptodivisa comenzó a remodelar la economía mundial.

El año siguió con una subida del precio del Bitcoin, que alcanzó los 10.000 dólares por primera vez en la historia. La tendencia alcista no se detuvo hasta que el precio del Bitcoin tocó brevemente los 20.000 dólares y luego sufrió el criptoinvierno: "momentos en los que las criptodivisas y los tokens sufren un enorme y generalizado golpe en su valor".

Roger pensaba que aún quedaba mucho por venir. Anticipó que las principales organizaciones financieras y bancos pronto apoyarían Bitcoin como resultado de su observación de la subida de la criptodivisa. Roger predijo que en un futuro próximo, las criptodivisas se utilizarían y desarrollarían más ampliamente.

Capítulo 4: El impacto de las criptomonedas en la banca tradicional

De vuelta a casa desde el banco, Roger reflexionaba sobre una comparación entre los bancos tradicionales y las criptomonedas. Desde que surgió Bitcoin, Roger había estado considerando la fijación prospectiva de los fallos del sistema financiero existente. Los bancos son uno de los elementos más cruciales del sistema financiero al tener el monopolio y el control último sobre la oferta monetaria que circula en el mercado. Aunque el resultado de ese control último había demostrado ser un desastre durante la crisis financiera de 2007, Roger todavía no podía ver ningún cambio visible o mejoras en el sistema para solucionar las principales causas de la crisis financiera. Las criptomonedas y la tecnología blockchain ofrecían un rayo de esperanza para pasar de la centralización a un sistema descentralizado. Roger creía que la aparición y adopción generalizada de las criptomonedas repercutiría en la banca tradicional de varias maneras, llegando a perturbarla por completo.

Después de pasar mucho tiempo en el ecosistema de las criptomonedas, Roger sabía que la descentralización y la eliminación de intermediarios eran principios fundamentales de las criptomonedas que desafiaban a los sistemas financieros y bancarios tradicionales. A diferencia de los sistemas centralizados tradicionales, en los que una única autoridad controla las transacciones, las criptomonedas operan en redes descentralizadas, normalmente impulsadas por la tecnología blockchain. La descentralización distribuye el control a través de una red de nodos, de modo que ninguna entidad controla la red, haciéndola resistente a la censura y a los puntos únicos de fallo. "La criptomoneda permite transacciones entre pares (P2P) sin necesidad de intermediarios como bancos o procesadores de pagos". Los usuarios pueden enviarse activos digitales directamente entre sí a través de la red blockchain, eludiendo las instituciones financieras tradicionales. Roger tuvo la experiencia de primera mano de enviar fondos con la dirección de un monedero Bitcoin sin la intervención de bancos o procesadores de pagos de terceros.

La eliminación de intermediarios facilita unas transacciones más rápidas, eficientes y rentables en la red de criptomonedas. Además del aumento de la velocidad, la eliminación de intermediarios también permitió a los usuarios tener un mayor control sobre sus fondos para realizar transacciones con menores comisiones y menos fricciones. El propio Roger había experimentado el comercio y el intercambio a través de intercambios descentralizados (DEX) que permitían a los usuarios intercambiar criptodivisas directamente entre sí sin depender de intercambios centralizados, eliminando los riesgos asociados a la custodia centralizada de fondos. Sabía que una larga lista de razones y ventajas de un sistema de pago basado en criptodivisas demostraba que era mejor que el sistema bancario tradicional.

Preocupado por conocer la opinión de la gente sobre la criptomoneda en contraste con el sistema bancario tradicional, Roger recurrió una vez más a la popular plataforma "Bitcointalk.org" para conocer la opinión pública al respecto. Encontró algunos comentarios interesantes de usuarios que apoyaban la idea de que las criptomonedas arreglen, sustituyan y mejoren el sistema bancario tradicional. Alguien preguntó sobre la diferencia entre la criptobanca y la banca tradicional, y en respuesta, la gente destacó lo que pensaba sobre el sistema criptobancario.

"No hay nadie que te ponga en una lista negra".

"No pueden decirte con quién puedes realizar transacciones".

"No llegan a limitar tu acceso cuando la próxima ola de inflación del gobierno golpea los ahorros de tu vida, y estás viendo tu poder adquisitivo derretirse como un helado en Harare".

"No pueden obligarte a realizar transacciones, ahorrar y vivir con dinero que los poderes para llegar a falsificar en un capricho".

"Bitcoin no cerrará puertas cuando los gobiernos se lo digan".

Aunque en aquel momento no existía la criptobanca, la opinión pública demostró que la gente pensaba en ello y tenía opiniones firmes a favor y en contra del sistema de pagos con criptodivisas. Alguien llegó a decir: "En criptodivisa, eres un banco para tus fondos".

En cuanto a la banca tradicional, los usuarios la mencionaron como la principal causa de depresiones y colapsos, al no servir a menudo a las clases más bajas en proporción a su contribución. Aunque la opinión pública en general parecía inclinarse un poco hacia los sistemas bancarios y de pago respaldados por criptomonedas, la narrativa de las instituciones parecía diferente. Roger observó un ambiente de resistencia y no aceptación de las criptodivisas por parte de los bancos tradicionales. Las criptomonedas representaban una fuerza disruptiva que amenazaba el modelo bancario tradicional al ofrecer un sistema financiero alternativo fuera del control de bancos y gobiernos. Los bancos parecían considerar las criptomonedas como una amenaza competitiva para su modelo de negocio y trataban de restarles importancia.

Además de la existencia de competencia directa, Roger también observó otras posibles razones de la aversión a las criptodivisas. La naturaleza descentralizada y no regulada de las criptodivisas las convertía en una amenaza para las instituciones bancarias, que las consideraban un medio atractivo para convertir dinero negro en blanco y realizar actividades ilegítimas. Además, la eliminación de intermediarios la hacía propensa a desmantelar el sistema financiero y socavar el ciclo de confianza.

Aunque Roger consideraba que la criptodivisa podía perturbar y revolucionar el sistema bancario existente, no podía pasar por alto los defectos del sistema que socavaban el potencial de las criptodivisas. Durante sus primeros años, la criptomoneda se enfrentó a importantes retos a la hora de interactuar con el sistema bancario tradicional. Dichos retos se derivaban de la naturaleza disruptiva de las criptodivisas, que suponían una amenaza para el sector bancario establecido.

Al principio, a los bancos tradicionales les costó entender el concepto y la tecnología de las criptomonedas. Muchos banqueros veían las criptomonedas como una moda o una inversión especulativa más que como una forma legítima de moneda o activo. Sin embargo, con el paso del tiempo, la persistencia y el crecimiento de las criptomonedas demostraron que sus dudas eran erróneas. Aun así, persistió la reticencia de las instituciones bancarias a adoptar las criptodivisas. La extrema volatilidad de los precios de las criptodivisas, especialmente durante los primeros años, hizo que los bancos tradicionales se mostraran recelosos a la hora de prestar servicios bancarios a los intercambios y negocios de criptodivisas.

La naturaleza especulativa de las criptodivisas suscitó preocupación por la estabilidad financiera y la posibilidad de pérdidas. Los bancos tradicionales también estaban preocupados por los riesgos de seguridad asociados al almacenamiento y las transacciones con criptomonedas. Los incidentes de piratería informática y los robos en las bolsas de criptomonedas pusieron de manifiesto la vulnerabilidad de los activos digitales y suscitaron dudas sobre su fiabilidad como depósito de valor.

Roger se dio cuenta de que la falta de atención de las autoridades reguladoras de todo el mundo hacia el desarrollo de directrices y normativas claras para las criptodivisas era también un obstáculo para frenar su adopción. La incertidumbre prevaleciente hizo que los bancos tradicionales dudaran en comprometerse con negocios y clientes relacionados con cryptocurrency debido a preocupaciones sobre el cumplimiento y los riesgos legales.

En mayo de 2019, los canales de noticias destacaron que los mezcladores o tumblers de criptocurrency estaban siendo rastreados y dados de baja por los gobiernos. Al investigar, descubrió que en el mundo de la criptodivisa, un tumbler se refiere a un "servicio de mezcla que hace que las transacciones de criptodivisas sean más anónimas al dividirlas en partes más pequeñas y mezclarlas con otras."

"¿Cómo funciona un tumbler de criptodivisas?". preguntó Roger a uno de sus amigos que trabajaba en una agencia de noticias y estaba cubriendo la noticia sobre los tumblers de criptodivisas.

"Igual que una batidora", respondió.

"¿Qué significa?" preguntó Roger, todavía perplejo sobre el marco.

"Bueno, entiéndelo como una piscina de dinero donde tú y otros usuarios volcáis vuestras criptodivisas. El servicio procesará y mezclará tus fondos, y luego te devolverá la misma cantidad de tu criptodivisa después de deducir su comisión de servicio", explicó cuando Roger le interrumpió.

"¿Qué más da si me devuelven lo mismo?". preguntó.

"Bueno, aquí está el truco. Los fondos que recibas se habrán originado a partir de muchas transacciones más pequeñas depositadas por otros usuarios en el sistema en un intento de ocultar los orígenes de la dirección del monedero del fondo original."

"Ah, ahora lo entiendo".

"De ahí que consigas un mayor anonimato, ya que se forma una barrera entre las direcciones que envían y reciben los fondos", concluyó su amigo, haciéndole comprender el concepto de los mezcladores de criptodivisas.

Antes, Roger solía pensar por qué la gente necesitaba un mayor anonimato cuando las criptomonedas ofrecían esta característica. Sin embargo, tras años de entenderlas y utilizarlas, se dio cuenta de que las criptodivisas ofrecen seudonimato más que anonimato. Aunque eliminan la necesidad de un intermediario y permiten al emisor y al receptor realizar transacciones entre ellos sin revelar su identidad a terceros, la transacción es visible para otros usuarios en la blockchain. Esto significa que cualquier usuario de la cadena de bloques puede rastrear las identidades reales del remitente y el destinatario. Por lo tanto, las personas que necesitaban un anonimato total sintieron la necesidad de encontrar una solución que les ayudara a realizar sus transacciones de forma totalmente anónima. La creación de servicios de mezcla y tumblers fue parte de la materialización de esta necesidad. Incluso las monedas de privacidad utilizaban protocolos de consenso de alto anonimato o mezcladores para garantizar los máximos niveles de ofuscación de los detalles de las transacciones. Sin embargo, los gobiernos consideraron inadecuados los mezcladores de criptodivisas, temiendo su uso para actividades ilegales como el blanqueo de dinero. Ante la amenaza de medidas estrictas por parte de las autoridades gubernamentales, Vitalik Buterin, cofundador de Ethereum, sugirió la creación de un mezclador de Ether en la cadena, basado en contratos inteligentes, para mejorar la privacidad de los usuarios en la plataforma. Roger comprendió la importancia de mejorar el anonimato para garantizar la confidencialidad de los datos de los usuarios. Sin embargo, también sabía que el concepto de ofuscación total no era bien recibido por los órganos de gobierno debido al supuesto uso de esa característica para actividades ilegales.

Las medidas enérgicas del gobierno contra los "tumblers" de criptomonedas recibieron una respuesta mixta por parte del público. Sin embargo, los entusiastas de las criptomonedas, los primeros en adoptarlas y los inversores la consideraron contraria al crecimiento y desarrollo de la industria a largo plazo. El empresario británico-estadounidense John McAfee compartió sus opiniones en Twitter (Ahora X), afirmando: "Los mezcladores de Bitcoin están ahora en el punto de mira. El propio anonimato se está considerando poco a poco un delito. La palabra privacidad pronto significará intención criminal". El propio Roger se mostró contrario a la represión de estos servicios y a hacerlos inaccesibles incluso para los usuarios legítimos en lugar de solucionar los problemas subyacentes.

Hubo incidentes de implicación y asociación de las criptomonedas con actividades ilícitas como el blanqueo de dinero, el fraude y la financiación del terrorismo debido a su naturaleza seudónima y a su infraestructura descentralizada. Los bancos se mostraron cautelosos a la hora de facilitar transacciones con criptomonedas para evitar facilitar inadvertidamente actividades delictivas.

Los casos de piratería de criptodivisas y ataques de ransomware plantearon aún más dudas sobre la eficacia de una moneda descentralizada y no regulada para controlar el sistema financiero. Los casos de ataques de ransomware comenzaron a surgir ya en 2013, cuando el ataque de ransomware CryptoLocker saltó a los titulares, bloqueando más de 250.000 ordenadores en un breve lapso de cuatro meses.

Exigía a las víctimas pagar en criptomoneda o tarjetas regalo para recuperar el acceso y desencriptar sus discos duros o archivos. Las pérdidas monetarias resultantes del ataque ascendieron a unos 3 millones de dólares, y al año siguiente se difundió la noticia de que CryptoWall infectaba varios sistemas informáticos y exigía un pago para acceder a un programa de descifrado. Roger recordó que los daños fueron varias veces superiores a los del ataque del año anterior, lo que supuso una pérdida de 18 millones de dólares. La tendencia continuó también al año siguiente, con TeslaCrypt dirigiéndose inicialmente a los jugadores y ampliando después el alcance de su ataque. El rescate exigido para proporcionar acceso a las claves de descifrado oscilaba entre 250 y 1.000 dólares en Bitcoin. Roger también recordó el ataque Locky en 2016, que ganó amplia tracción debido a su elevado número de ataques a redes informáticas.

El mayor número de ataques registrado por una fuente informó de 50.000 ataques en un día. El virus bloqueaba los archivos del ordenador de la víctima, exigiendo el pago de un rescate a cambio de la herramienta de descifrado. El virus tenía múltiples variantes, pero las funciones centrales de todos los ataques seguían siendo las mismas. Aunque la mayoría de los ataques se registraron en Estados Unidos, Canadá y Francia tampoco se libraron de ellos. Los ataques de ransomware parecían inevitables y continuaron a pesar de los esfuerzos realizados para frenarlos.

En 2017, los usuarios de todo el mundo se enfrentaron a otro revés cuando la noticia del "ransomware WannaCry" saltó a los titulares. El ransomware criptográfico cifra los archivos valiosos de los sistemas informáticos o bloquea a los usuarios para pedir un rescate. Se propagó a través de ordenadores con Microsoft Windows y afectó a unos 230.000 ordenadores en todo el mundo. Durante ese tiempo, Bitcoin y otras criptomonedas se convirtieron en herramientas atractivas para la delincuencia en línea y las actividades ilegales. Cada año que pasaba, más nombres seguían sumándose, entre ellos Travelex, CWT, CNA Financial, Brenntag, Colonial Pipeline y otros.

Además de estos incidentes, el mundo de las criptomonedas también fue testigo de algunos de los mayores hackeos, que empañaron la credibilidad de las monedas digitales y suscitaron dudas sobre la protección de la privacidad y la seguridad. Los célebres ataques informáticos a Mt. Gox en 2011 y 2014 fueron los primeros casos significativos de hackeo de criptodivisas que tomaron por asalto a los usuarios. Roger anticipó que se tomarían medidas estrictas para evitar este tipo de ataques en el futuro. Sin embargo, la realidad demostró lo contrario. Cuatro años después del segundo ataque y del cierre de Mt. Gox en 2014, la bolsa japonesa Coincheck se convirtió en objetivo de un ataque de piratas informáticos, perdiendo alrededor de 523 millones de monedas NEM. Las monedas estaban valoradas en 534 millones de dólares en ese momento, y el presidente de la Fundación NEM describió el ataque como el robo más importante de la historia del mundo. Roger creía que el ataque era incluso más significativo que el hackeo de Mt. Gox, obligando a los nuevos participantes a replantearse sus decisiones de invertir en criptodivisas.

En 2021, el exitoso intento de un hacker de piratear la "plataforma Poly Network Defi" conmocionó al mundo al robar alrededor de 600 millones de dólares, incluidos 33 millones de dólares de Tether. Sin embargo, lo que conmocionó aún más a la gente fue que después de varios intentos y peticiones de la plataforma, el hacker comenzó a cooperar en la devolución de los fondos robados. El hacker devolvió 300 millones de dólares sólo después de un par de días, haciendo que todo el mundo se preguntara si el hacker lo hizo por una mera aventura.

En 2022, se produjo uno de los ataques de hacking más sonados de la historia de las criptodivisas, cuando fue pirateada la bolsa de Binance, BSC Token Hub, causando una pérdida de unos 576 millones de dólares. Los hackers crearon y retiraron 2 millones de monedas Binance (BNB) adicionales, causando graves pérdidas al intercambio. A medida que las criptomonedas seguían ganando valor, la magnitud de los ataques de piratas informáticos también seguía aumentando.

En 2022 se registró otro, y hasta la fecha, el mayor ataque pirata de todos los tiempos, cuando fue atacada la red Ronnin. Los piratas informáticos vulneraron la red que da soporte a la plataforma de juegos de blockchain "Axie Infinity" y se llevaron activos digitales por valor de unos 625 millones de dólares, incluidas stablecoins de Ethereum y USDC.

Todos estos incidentes y sucesos se sumaron a los retos ya existentes para que las criptomonedas se generalizaran como alternativa al sistema bancario tradicional. Sin embargo, a pesar de las controversias y las críticas de la corriente financiera dominante, el desarrollo de blockchain y su adopción más allá de las criptomonedas nunca se detuvo. Conocida como la historia de cada "transacción confirmada de Bitcoin", la tecnología blockchain se lanzó oficialmente en 2009, antes del lanzamiento de su primera aplicación, Bitcoin. El libro blanco de Bitcoin esbozaba un sistema de moneda digital descentralizado que se basaba en un libro de contabilidad distribuido para registrar las transacciones de forma segura y transparente. Roger había estado pendiente de ello y consideraba el desarrollo de la tecnología blockchain un hito importante en la evolución de los sistemas digitales y las redes descentralizadas. Había sido testigo de la expansión de la tecnología blockchain más allá de sus orígenes en la criptomoneda para revolucionar diversas industrias y sectores.

Intrigado por la transformadora tecnología blockchain, Roger invirtió mucho tiempo en comprender cómo funcionaba y cuáles eran sus ventajas. Descubrió que la tecnología blockchain funciona mediante la creación de un libro de contabilidad digital descentralizado y distribuido que registra las transacciones a través de múltiples ordenadores en una red. El proceso comienza cuando un participante, digamos el usuario A, inicia una transacción, como la transferencia de activos digitales de una dirección a otra. Además de la transferencia de activos digitales, la ejecución de un contrato inteligente o el registro de datos en la cadena de bloques también inician el proceso. Cada transacción se firma criptográficamente y contiene información relevante, como las direcciones del remitente y el destinatario, el importe de la transacción y la marca de tiempo.

Una vez creada, la transacción se difunde a la red de nodos (ordenadores) que participan en la red blockchain. Estos nodos validan la autenticidad e integridad de la transacción utilizando mecanismos de consenso, como la prueba de trabajo (PoW), la prueba de participación (PoS) u otros algoritmos de consenso. Las transacciones validadas se agrupan en bloques que están vinculados criptográficamente al bloque anterior, formando una cadena de bloques (de ahí el nombre "blockchain"). Cada bloque contiene un hash criptográfico único del bloque anterior, creando un registro inmutable del historial de transacciones. Los mecanismos de consenso garantizan el acuerdo entre los participantes de la red sobre la validez de las transacciones y el orden en que se registran en la cadena de bloques. Mediante el consenso, los nodos llegan a un entendimiento compartido del estado del libro mayor y evitan el doble gasto o el fraude.

Roger considera que la mayor ventaja de la tecnología blockchain es la descentralización. En lugar de depender de una autoridad central para validar y registrar las transacciones, blockchain funciona en una red entre pares en la que cada participante (nodo) tiene una copia de todo el libro de contabilidad. La descentralización garantiza transparencia, seguridad y resistencia frente a puntos únicos de fallo o manipulación.

Otra ventaja convincente de la tecnología blockchain es que cuando se produce una nueva transacción, se transmite a la red y se agrupa con otras transacciones en un bloque. Los mineros o validadores compiten entonces para resolver un complejo rompecabezas matemático y añadir el bloque a la cadena de bloques. Una vez añadido, la transacción se vuelve irreversible y se vincula criptográficamente a los bloques anteriores, formando una cadena de bloques. Esto aumenta la transparencia de la cadena de bloques.

Una vez registradas en la cadena de bloques, las transacciones son inviolables y no pueden alterarse ni eliminarse sin el consenso de la mayoría de los participantes en la red.

Esta inmutabilidad garantiza la integridad y fiabilidad de los datos almacenados en la cadena de bloques, lo que la hace adecuada para aplicaciones que requieren registros seguros y auditables. Roger considera que el desarrollo de la cadena de bloques es vital para el desarrollo de contratos inteligentes. Las plataformas de cadena de bloques como "Ethereum" admiten la ejecución de contratos inteligentes, que son contratos autoejecutables con los términos del acuerdo directamente escritos en el código. Los contratos inteligentes aplican y ejecutan automáticamente los términos del acuerdo cuando se cumplen unas condiciones predefinidas, eliminando la necesidad de intermediarios y reduciendo el riesgo de fraude o manipulación. La transparencia que ofrece la tecnología blockchain mejora la rendición de cuentas, reduce las disputas y permite nuevas aplicaciones como la trazabilidad de la cadena de suministro, el seguimiento de la procedencia y la gestión de la identidad digital.

La gente creía que Bitcoin había popularizado la tecnología blockchain, y Roger estaba de acuerdo hasta cierto punto, pero también creía que sus aplicaciones potenciales iban mucho más allá de las monedas digitales. Reconocía que el libro de contabilidad descentralizado e inmutable de blockchain podía aplicarse a diversos ámbitos, y el tiempo verificó su previsión al ser testigo de los crecientes casos de uso de la tecnología blockchain. La aparición de plataformas y protocolos alternativos de blockchain diseñados para abordar necesidades específicas de la industria ha ampliado la utilización de esta tecnología transformadora a diversas industrias. A partir de 2019, el mundo de las criptomonedas ha sido testigo de la amplia adopción de la tecnología blockchain en múltiples sectores más allá de las criptomonedas.

En la industria de la salud, la incorporación de la tecnología blockchain ofreció beneficios que valen la pena, incluida la reducción de costos, un mayor acceso a la información y operaciones optimizadas. Roger conoció plataformas sanitarias como Chronicled, MEDICAL CHAIN, Nebula Genomics y otras que aprovecharon la tecnología blockchain para agilizar sus operaciones y mejorar las funciones para los usuarios y consumidores. No solo esto, sino que las especulaciones sobre la creación de planes de tratamiento y medicamentos personalizados utilizando la transformadora tecnología blockchain subrayaron su potencial e impacto. Otras áreas destacadas en las que las aplicaciones de la tecnología blockchain dejaron huella fueron las transferencias de dinero y los contratos inteligentes. Los años posteriores a 2019 fueron testigos de una avalancha de aplicaciones de transferencia de criptomonedas que ahorraban tiempo y dinero a sus usuarios.

Con la utilización de sistemas de libro mayor en tiempo real, la eliminación de tarifas de terceros y la erradicación de normas y regulaciones burocráticas, los sistemas de transferencia de dinero respaldados por blockchain interrumpieron los sistemas de transferencia de dinero existentes y tradicionales. Varias empresas estadounidenses adoptaron e incorporaron gradualmente la tecnología blockchain a sus operaciones para aprovechar sus ventajas.

Con el tiempo, las empresas se dieron cuenta de que blockchain podía mejorar la transparencia, la trazabilidad y la eficiencia de la cadena de suministro al proporcionar un registro a prueba de manipulaciones del recorrido de los productos desde su origen hasta el consumidor final. Permite a las partes interesadas rastrear y verificar la procedencia, autenticidad y condiciones del producto a lo largo de la cadena de suministro, reduciendo el fraude, la falsificación y los errores logísticos. Grandes empresas como Walmart e IBM empezaron a utilizar blockchain para mejorar la visibilidad de su cadena de suministro y agilizar los procesos.

Los contactos inteligentes, "los programas almacenados en la blockchain que se ejecutan cuando se cumplen las condiciones predeterminadas, eliminan la necesidad de un intermediario al tiempo que mejoran los niveles de responsabilidad de las partes implicadas. Esto ahorró a las empresas tiempo y dinero significativos, al tiempo que les proporcionó tranquilidad y garantizó el cumplimiento de todas las partes implicadas. Estos contratos revolucionaron el mundo empresarial, y sus casos de uso abarcaban desde entidades privadas hasta plataformas públicas. Cuando Google introdujo soluciones para agilizar los contratos inteligentes, la creencia de Roger en su poder transformador se fortaleció aún más. Se alegró de ver cómo la criptomoneda y la tecnología blockchain pasaban a primera línea y transformaban la vida de las personas.

Roger consideraba que el desarrollo de las "finanzas descentralizadas" (DeFi) era la aplicación más destacada y valiosa de la tecnología blockchain. La blockchain de Ethereum facilitó el desarrollo de aplicaciones de finanzas descentralizadas (DeFi) que proporcionan servicios financieros sin intermediarios. Plataformas DeFi como MakerDAO, Compound y Uniswap ofrecen servicios descentralizados de préstamo, empréstito, comercio y gestión de activos, permitiendo a los usuarios acceder a productos y servicios financieros directamente desde sus criptocarteras. Cuando Roger empezó a contar, la lista de aplicaciones de la tecnología blockchain siguió aumentando, con casos de uso que abarcan diversos sectores e industrias.

Entre la plétora de casos de uso de la tecnología blockchain, uno que Roger consideró un avance significativo fue la protección contra el fraude y la piratería informática. La ciberseguridad se ha enfrentado a varias amenazas de piratería, estafas e intentos de fraude con el auge tecnológico. El robo de información personal esencial se convirtió en una norma, afectando a una parte significativa de la población. Roger creía que la utilización de un libro mayor descentralizado de blockchain para proteger la identidad y la información personal podría suponer una diferencia significativa en las demandas por robo de identidad. Deseaba que los gobiernos pudieran adoptar la tecnología para una adecuada protección de datos a nivel masivo, al igual que varias empresas incorporaron bases de datos y libros de contabilidad basados en blockchain, permitiendo a los usuarios proteger su información de los riesgos de robo de identidad.

Con el tiempo, los casos de uso de la tecnología blockchain siguieron aumentando y mejorando, abriendo vías para que otros identificaran y utilizaran su potencial. Roger fue testigo del desarrollo de las criptomonedas y de sus crecientes perspectivas de sustituir al sistema bancario tradicional, y anticipó que, además de invertir simplemente en nuevas criptomonedas, los inversores habían empezado a analizar también los planes de negocio de las nuevas empresas de criptomonedas.

A diferencia de lo que ocurría antes, cuando las criptomonedas se limitaban a los intercambios, se mostró encantado de ver proyectos de criptomonedas en una amplia gama de sectores, como el juego, los deportes, las finanzas y la gestión. Aunque todavía queda mucho trabajo por hacer para mejorar el sistema y aumentar su seguridad, Roger cree que el mundo de las criptomonedas está listo para un crecimiento exponencial.

Capítulo 5: El papel de los bancos centrales y el gobierno

Roger se encontró una vez con un grupo de niños peleándose por algo mientras daba su paseo diario. Al girar cerca de la calle, pudo oír las voces de los niños procedentes de un callejón poco iluminado. Curioso por lo que estaba pasando, entró en el callejón para ver cómo estaban los niños. Al acercarse a ellos, sus voces se hicieron más claras y comprendió que estaban discutiendo por intercambiarse cosas.

"Oye, Tommy, te cambio dos canicas brillantes por esa rara tarjeta de béisbol", exclamó con entusiasmo un chico con una gorra roja en la cabeza, mostrando las canicas brillantes en la palma de la mano. Tommy pensó un rato en la oferta y luego dijo: "Que sean tres canicas y trato hecho".

El primer chico se quedó pensativo un rato y luego dijo: "No, no puedo darte tres. Si lo hiciera, sólo me quedarían dos".

"Entonces no te daré mi rara tarjeta de béisbol. Puedes elegir cualquier otra tarjeta de mi colección", dijo Tommy, guardándose la tarjeta de béisbol en el bolsillo.

"Pero no necesito otras cartas. Puedo ofrecerte dos de mis canicas a cambio de la tarjeta de béisbol que quiero", recalcó el segundo niño.

Roger no pudo evitar sonreír al ver a los niños negociando. A menudo había visto a estos niños jugando en el parque público por el que solía pasear a diario. Le recordaba a su infancia, cuando él y sus amigos pasaban horas intercambiando juguetes en el patio del colegio.

"Parece que el sistema de trueque sigue vivo", comentó Roger a un transeúnte, que asintió con la cabeza.

"Seguro que sí", respondió el espectador con una risita. "Los chicos de hoy en día siempre encuentran formas creativas de conseguir lo que quieren".

Mientras Roger seguía observando la escena, vio que los chicos por fin llegaban a un acuerdo tras un rato de discusiones y negociaciones. Decidió tener una pequeña conversación con los niños, anticipándose a darles algún conocimiento que valiera la pena.

"Hola, niños. Os acabo de ver cambiando canicas por cartas. ¿Sabéis que antiguamente la gente comerciaba de la misma manera?", les preguntó.

"¿En serio?", preguntaron los niños.

"Sí. Si queréis, os puedo contar una historia interesante", ofreció Roger, y los niños aceptaron de buen grado. Empezaron a caminar lentamente hacia el parque, que estaba a pocos pasos. Después de encontrar un buen sitio para sentarse, Roger empezó su historia sobre el origen del dinero, desde su introducción hasta su forma actual.

"¿Qué decías del dinero?" preguntó un niño al ver a Roger ensimismado.

Sin él, las economías modernas no podrían funcionar. Roger pensó en lo que había leído sobre el dinero el otro día. "Bueno, supongo que todos tenéis una idea sobre el dinero", empezó a explicar Roger a los niños.

"El dinero es algo que mantiene su valor a lo largo del tiempo, puede traducirse fácilmente en precios y es ampliamente aceptado".

"Pero no siempre fue igual. El dinero que veis ahora no es como era antes. Antes de adoptar su forma actual, el dinero pasó por varias etapas de desarrollo. Antes de la introducción de la moneda, la gente comerciaba utilizando el trueque, es decir, el intercambio directo de bienes y servicios sin que interviniera un medio de cambio o dinero. Sin embargo, el sistema de trueque no era tan fiable. Tenía algunos defectos, y usted también ha visto un atisbo de ello en su intercambio", explicó Roger.

"Los dos principales problemas del sistema de trueque eran la falta de transferibilidad y de divisibilidad. Por ejemplo, si alguien tenía una oveja o una vaca que ofrecer a cambio de los bienes y servicios que deseaba, normalmente no podía intercambiarla con éxito por objetos más pequeños o de menor valor; por ejemplo, un saco de grano a cambio de una vaca entera sería un trato ridículo. Del mismo modo, encontrar a la persona que ofrecía lo que uno necesitaba a cambio de lo que uno ofrecía era una tarea agotadora. Si una persona tenía carne que ofrecer a cambio de arroz, no sólo tenía que encontrar a una persona que ofreciera arroz, sino también asegurarse de que estaría dispuesta a cambiar el arroz por carne. Ver estos problemas obligó a las economías a pensar en un sistema mejor que el trueque y, finalmente, se decidieron por los metales preciosos como medio de intercambio".

"Antes se utilizaban muchos objetos como moneda: cáscaras de vaca, cebada, granos de pimienta, oro y plata. Estos objetos servían como medio de intercambio, pero tenían otros inconvenientes.

Por ejemplo, la cebada era un alimento y tardaba tiempo en crecer. En caso de su consumo generalizado, la oferta de dinero tiende a disminuir. Del mismo modo, otros alimentos utilizados a cambio de bienes y servicios no eran fiables debido a su naturaleza perecedera. La gente no aceptaba de buen grado artículos como las cáscaras de vaca debido a su falta de valor y uso. En tales condiciones, se creía que los metales valiosos, como el oro y la plata, eran el mejor medio de intercambio. Servían como medio de intercambio y tenían un depósito de valor duradero y una unidad de cuenta estable. En resumen, resolvían todos los problemas que tenían otras mercancías. Además de otras características, eran fácilmente transferibles y divisibles".

Roger miró a los niños para ver si seguían interesados, y su gran atención hacia él demostró que sí.

"¿Sabéis cuándo y dónde se acuñó la primera moneda oficial?".

"La verdad es que no. ¿No tiene cada país su propia moneda?".

"Sí, la tienen. Sin embargo, la primera vez que se formó y emitió una moneda fue en China, en el año 550 a.c. Crearon monedas de oro y las utilizaron como moneda. El gobierno y las autoridades autorizadas acuñaron monedas estandarizadas, proporcionando un medio de cambio cómodo con tamaño, peso y pureza uniformes. Los gobiernos empezaron a emitir papel moneda respaldado por reservas de oro para satisfacer la creciente demanda de moneda y facilitar las transacciones de mayor volumen. Más tarde, en el siglo XIX, surgió el patrón oro como sistema monetario".

"Las monedas de oro tenían valor intrínseco, es decir, su valor se derivaba del valor original de los metales. El dinero se convirtió en el lenguaje universal del comercio. En lugar de encontrar a alguien que quiera lo que tienes, puedes utilizar el dinero para comprar lo que necesitas a cualquiera, en cualquier lugar. Es como una llave mágica que abre infinitas posibilidades. Durante los siglos XVII y XVIII, los gobiernos empezaron a emitir papel moneda respaldado por reservas de oro para satisfacer la creciente demanda de divisas y facilitar las transacciones de mayor volumen. "Gran Bretaña fue el primer país en adoptar el sistema del patrón oro, que más tarde se convirtió en el sistema monetario internacional a partir de 1870". Siguiendo el ejemplo de Gran Bretaña, otros países del mundo acabaron adoptando el mismo sistema monetario."

"¿Qué quiere decir con el sistema del patrón oro?", preguntó un niño.

"Un patrón oro es un sistema monetario en el que la moneda o papel moneda de un país tiene un valor directamente vinculado al oro".

Gran Bretaña dejó de utilizar oficialmente el sistema del patrón oro en 1931, mientras que Estados Unidos lo abandonó en 1933. En la mayor parte del mundo, el sistema del patrón oro cesó en 1914, durante la Primera Guerra Mundial. Tras permanecer en el sistema durante más de 34 años, el sistema de Bretton Woods sustituyó al sistema del patrón oro y, más tarde, al sistema de la moneda fiduciaria.

El sistema de Bretton Woods consistía en fijar el patrón oro para determinar el tipo de cambio de las distintas divisas. Tras la Segunda Guerra Mundial, los aliados vencedores se reunieron en Bretton Woods (Estados Unidos). Firmaron un acuerdo para fijar sus monedas al dólar estadounidense en un intento de lograr la estabilidad financiera y hacer frente al candente problema de la inflación. El gobierno estadounidense aceptó cambiar 35 dólares por una onza de oro. El acuerdo mantuvo su influencia hasta la década de 1960, cuando se hizo evidente que EE.UU. no poseía suficiente oro para cumplir los requisitos del Acuerdo de Bretton Woods. Más tarde, en 1971, el Presidente de EE.UU. Richard Nixon intentó cambiar el tipo de cambio a 38 $, lo que supuso el fin de su garantía de cambiar otras divisas a un tipo fijo.

Como resultado de este acuerdo, el comercio internacional siguió utilizando el dólar estadounidense con este cuasi patrón oro hasta 1971. En 1973, el tipo de cambio volvió a cambiar a 42 dólares por onza. A partir de entonces, el dólar estadounidense y todas las demás divisas se valoraron únicamente frente a otras divisas. El mercado internacional de divisas se convirtió entonces en un auténtico sistema fiduciario sin ningún vestigio de patrón oro. Más tarde, retos económicos como la Gran Depresión y la necesidad de flexibilidad en la política monetaria acabaron por llevar a los gobiernos a abandonar el patrón oro. El sistema monetario basado en el oro fue sustituido por sistemas de moneda fiduciaria que ofrecían a los bancos centrales y a los gobiernos un mayor control sobre la oferta monetaria y los tipos de interés. Mientras hablaba de la evolución del dinero, metió la mano en el bolsillo y sintió el familiar roce del papel moneda en la punta de los dedos. Una sutil sonrisa se dibujó en su rostro cuando empezó a hablar de nuevo: "Lo llaman dinero fiduciario. El dinero que se ve hoy en día es emitido por la Reserva Federal e impreso por el Tesoro del Gobierno de Estados Unidos, respaldado no por oro, sino por un decreto: la confianza de que los trozos de papel que se tienen en la mano pueden cambiarse por bienes y servicios de igual valor".

"¿Pueden ver lo que está escrito aquí?", preguntó mientras mostraba el billete de un dólar al grupo reunido a su alrededor. Ahora había niños y adultos.

Dice: "De curso legal para todas las deudas, públicas y privadas", lo que demuestra que puede utilizarse para el intercambio de bienes y servicios de igual valor.

A diferencia de las cantidades limitadas de metales preciosos que antaño anclaban la moneda, la moneda fiduciaria es ilimitada en cuanto a su oferta. Su oferta es tan flexible como los responsables políticos consideren necesario. Del mismo modo, la moneda fiduciaria es significativamente diferente del sistema del patrón oro. El patrón oro y la moneda fiduciaria representaban dos marcos monetarios distintos, cada uno con sus propias características e implicaciones para la economía.

El patrón oro proporcionaba un entorno monetario comparativamente estable, en el que el valor de la moneda estaba vinculado a una cantidad fija de oro. Limitaba el riesgo de inflación y provocaba presiones deflacionistas durante la expansión económica. En cambio, las monedas fiduciarias sufren fluctuaciones de valor en función de diversos factores. Aunque ofrecen mayor flexibilidad, factores como las condiciones económicas, las políticas gubernamentales e incluso las percepciones del mercado pueden afectar significativamente a su valor. La segunda diferencia más destacada que detectó fue que bajo el patrón oro, la política monetaria estaba restringida por el requisito de mantener reservas de oro, lo que impedía a los responsables políticos responder a las recesiones económicas con medidas expansivas. En cambio, la moneda fiduciaria permite a los bancos centrales aplicar una amplia gama de instrumentos de política monetaria en función de la situación económica y de la necesidad de crecimiento y estabilidad económica.

Roger cree que ambos sistemas tienen implicaciones para la estabilidad financiera. Mientras que el patrón oro proporcionaba un ancla fiable para las monedas, también podía exacerbar las crisis financieras al limitar la liquidez durante las recesiones. A pesar de sus inconvenientes y del riesgo de inflación, las monedas fiduciarias ofrecían más margen a los bancos centrales y a los gobiernos para garantizar la liquidez y la estabilidad de los mercados financieros durante las crisis.

La historia del inicio del sistema bancario es tan interesante como la del dinero. La historia de los bancos se remonta a comerciantes y orfebres que solían prestar dinero a particulares y también guardaban sus depósitos de dinero para su custodia. Esto se convirtió más tarde en un negocio organizado y continuó hasta la formación del primer banco. Cuando Roger empezó a hablar de la historia de la banca, recordó lo difícil que fue averiguar los detalles de la creación del primer banco. Encontró opiniones encontradas de la gente. Algunos consideraban que el Banco de Venecia fue el primer verdadero banco del mundo, mientras que otros consideraban que el Banco Banca Monte dei Paschi de Siena (1472) fue el primer banco de la historia.

Se dice que el Banco de Venecia se fundó en 1157 en el floreciente centro comercial de Venecia (Italia). El Banco de Venecia desempeñó varias funciones clave que sentaron las bases de las prácticas bancarias modernas. Prestaba servicios financieros, como adelantar préstamos y mantener depósitos tanto para el gobierno como para particulares. Otra contribución significativa del Banco de Venecia fue la emisión de letras de cambio. Estas letras permitían a los comerciantes realizar transacciones sin necesidad de moneda física o metales preciosos. Permitían a los comerciantes canjear las letras como prueba de la promesa de pagar una determinada cantidad de dinero en una fecha posterior mencionada en la letra. Esta innovación facilitó enormemente el comercio y contribuyó a la prosperidad de Venecia como potencia comercial.

Roger creía que el Banco de Venecia desempeñó un papel crucial en el desarrollo de las prácticas bancarias modernas, incluida la captación de depósitos y la concesión de préstamos. Los depositantes podían confiar su dinero al banco para su custodia, ganando intereses por sus depósitos a lo largo del tiempo. Por su parte, los prestatarios podían obtener préstamos del banco para financiar negocios u oportunidades de inversión. Antes, los bancos sólo realizaban las funciones de mantener depósitos y emitir préstamos. Sin embargo, con el paso del tiempo, las funciones de los bancos también evolucionaron, dando lugar a la creación del banco central. El primer banco central conocido en la historia del mundo fue el Riksens Ständers Bank (el Banco de los Estados del Reino) en 1668. Todo empezó en 1619, cuando Axel Oxenstierna propuso que debía haber un banco en cada ciudad para atender el problema de la falta de monedas y la lenta circulación del dinero. Las guerras ya habían provocado una escasez de metales preciosos como el oro y la plata, por lo que la gente ya buscaba activamente alternativas. En 1656 se fundó el Stockholms Banco, el primer banco de Suecia, que emitió los primeros billetes de Europa en 1661. A pesar del fracaso del banco, desempeñó un papel importante a la hora de asegurar el valor del dinero y garantizar su circulación fluida en la economía. Más tarde, en 1668, se fundó el Sveriges Riksbank a partir de los restos del Stockholms Banco y apareció como el primer banco central del mundo.

Al ser el banco central del país, se encargaba de emitir billetes y regular su circulación en la economía. Con el tiempo, otros países también crearon sus propios bancos centrales. Gran Bretaña abrió el camino con la creación del Banco de Inglaterra en 1694, seguido por el Banco de Norteamérica en 1781.

En Estados Unidos, el primer banco se fundó en 1781, cuando el Congreso constituyó el Bank of North America como la primera institución financiera autorizada por Estados Unidos y el primer banco real del país. En aquella época, funcionaba como un banco central de facto, con la mayoría de las acciones en manos del público. En aquella época, Estados Unidos luchaba en la Guerra Revolucionaria Americana y necesitaba fondos para financiar sus actividades de defensa. El Banco de Norteamérica recaudó dinero para apoyar la guerra en curso contra Gran Bretaña. El financiero de Filadelfia Robert Morris fue nombrado primer superintendente del banco. Había donado una cantidad sustancial de su patrimonio personal para apoyar la guerra.

Más tarde, en 1791, se formó el primer banco central oficial de Estados Unidos cuando el Congreso constituyó el Primer Banco de Estados Unidos por un periodo de 20 años. Inicialmente, el objetivo del banco era prestar fondos al gobierno y a las empresas, controlar el suministro de billetes y garantizar la estabilidad de la moneda. A la formación del primer banco central le siguió la creación de 18 nuevos bancos comerciales en un breve periodo de cinco años. Antes de la formación del banco central, sólo había cuatro bancos comerciales en Estados Unidos.

En 1910, tras el pánico de 1907 -la primera crisis financiera mundial del siglo XX-, un grupo de personas celebró una reunión secreta en Jekyll Island, una isla aislada frente a la costa de Georgia. Creían que el sistema bancario existente adolecía de graves problemas, lo que suponía una importante amenaza para el sistema financiero. Los participantes expresaron sus preocupaciones en un plan que redactaron en su reunión y también en los informes de la Comisión Monetaria Nacional. Posteriormente, se impulsó en el país un movimiento de reforma monetaria que desembocó en la creación del Sistema de la Reserva Federal en 1913. La FED se formó a raíz de la Ley de la Reserva Federal de 1913, promulgada por el Presidente Woodrow Wilson. Como resultado de esa legislación, se estableció el Sistema de la Reserva Federal para proporcionar una moneda más elástica, una supervisión más eficaz de la banca y un sistema de compensación más eficiente y equitativo. Con el paso de los años, la FED se convirtió en un símbolo de poder e intriga financiera, desempeñando un papel fundamental en nuestra vida cotidiana y en el sistema monetario.

A medida que la discusión continuaba, algunos adultos se unieron a ellos mientras los niños empezaban a marcharse uno tras otro, y la historia del dinero terminó.

"¿Y qué opinas de la flexibilización cuantitativa (QE)? La forma de política monetaria en la que un banco central, como la Reserva Federal de EE.UU., compra valores en el mercado abierto para reducir los tipos de interés y aumentar la oferta monetaria", preguntó una de las personas sentadas cerca.

"Sí, la herramienta utilizada por los bancos centrales para estimular la economía cuando las medidas tradicionales de política monetaria se vuelven ineficaces. Cuando el banco central compra valores públicos u otros activos financieros en el mercado, se inyecta dinero nuevo en la economía, aumentando la oferta monetaria, bajando los tipos de interés y fomentando el crédito y la inversión. Los bancos centrales recurren a la QE en épocas de recesión económica para impulsar la actividad económica. Al inyectar liquidez en los mercados financieros, la QE ayuda a reducir los costes de los préstamos para las empresas y los consumidores, al tiempo que fomenta el gasto en inversiones y préstamos. Así, crea un entorno propicio para el crecimiento económico en una economía estancada". Roger respondió

"La QE puede apoyar el gasto público deficitario manteniendo bajos los costes de endeudamiento. En países con altos niveles de deuda pública, puede ayudar a aliviar la carga de la deuda reduciendo los pagos de intereses de la deuda pública pendiente. Al bajar los tipos de interés a largo plazo, la QE reduce el coste del servicio de la deuda existente, haciendo más sostenible para los gobiernos la gestión de sus obligaciones de deuda", añadió otro hombre.

"Así es. Sin embargo, soy un poco escéptico sobre el Quantitative Easing, ya que tiende a crear más inflación que las políticas monetarias convencionales. Por lo tanto, creo que los bancos centrales deben tener cuidado con la presión inflacionista al aplicar esta política para evitar el riesgo de que se forme una inflación excesiva o burbujas en el precio de los activos", dijo Roger.

"Sí, al fin y al cabo, la QE suele aplicarse como medida de emergencia y se pretende que sea temporal. Los bancos centrales tienen estrategias para deshacer la QE una vez que las condiciones económicas mejoren y surjan presiones inflacionistas", replicó el hombre.

"Sí. Creo que los bancos centrales y los gobiernos tienen un papel crucial a la hora de garantizar el éxito de esta política. Deben ser capaces de comunicar sus intenciones políticas con eficacia y atender a factores como el estado de la economía y la dinámica de la inflación." Cuando Roger concluyó su comentario, todos asintieron con la cabeza.

"He oído que la criptodivisa tiene el potencial de modernizar el sistema bancario y resolver los problemas subyacentes del sistema monetario actual", dijo el hombre sentado junto a Roger.

"Todo radica en su suministro fijo, a diferencia de la moneda fiduciaria que puede tener un suministro infinito", respondió Roger.

"A diferencia de la criptodivisa, el suministro de moneda fiduciaria está controlado por el banco central de un país concreto. Las monedas fiduciarias están, por tanto, sujetas a la inflación, dado que las autoridades monetarias pueden imprimir dinero en cualquier momento. Con políticas como la flexibilización cuantitativa, los bancos centrales pueden aumentar la oferta de dinero siempre que lo necesiten, como hicieron anteriormente durante la crisis financiera mundial de Estados Unidos, la crisis de la deuda soberana europea y el brote de COVID-19. Por otro lado, las criptomonedas como Bitcoin tienen una oferta finita libre del control de cualquier entidad centralizada. Bitcoin tiene un suministro fijo de 21.000.000 unidades y no depende del sistema de deudas. El número total de bitcoins creados en el sistema nunca superaría este límite predeterminado. Esto lo hace menos propenso al riesgo de inflación", explicó Roger.

"¿Pero no son los precios de las criptomonedas más volátiles que los del fiat?", preguntó uno de los incondicionales.

"Sí, lo son. Los bitcoins y otras criptomonedas son más volátiles que el dinero fiduciario en términos de valor. Su oferta y demanda determinan su valor y sus precios, por lo que vemos subidas y bajadas repentinas", respondió Roger. Al cabo de un rato, Roger salió del parque para volver a su apartamento y pensar en la discusión que había tenido en el parque. Mientras Roger caminaba por la acera con un tiempo agradablemente cálido, le llamó la atención el parpadeo de un nuevo teletipo en la esquina de la calle: "China toma medidas enérgicas: todas las transacciones de criptodivisas son ahora ilegales". Intentando asimilar la gravedad del titular que acababa de ver, se detuvo momentáneamente. A pesar de que el canal de noticias lo anunciaba como una medida audaz que mostraba el enfoque estricto del país en un intento de controlar y regular la criptodivisa, Roger sabía que no era más que una parte de los esfuerzos mundiales de regulación de la criptodivisa.

Recordó el momento en que, en 2017, los inversores chinos eran actores dominantes en el mercado de Bitcoin, y el mercado especulativo representaba alrededor del 90% del comercio mundial de Bitcoin; el país cerró las bolsas de criptodivisas locales. Dos años más tarde, el país prohibió oficialmente el comercio de criptodivisas cuando el Banco Popular de China declaró que bloquearía el acceso a todas las formas de intercambios de criptodivisas, nacionales, extranjeros y sitios web de ofertas iniciales de monedas. Sin embargo, las transacciones de criptodivisas continuaron a través de bolsas extranjeras en línea. "China, junto con Arabia Saudí y Qatar, prohibió por completo el comercio de criptodivisas en el país".

Al doblar una esquina, Roger se encontró frente a un cibercafé en cuyas cristaleras había carteles que deliraban sobre las virtudes de la tecnología blockchain y su potencial para transformar el mundo. Mientras leía el contenido de los carteles, observó a un grupo de personas alrededor de un monitor, concentradas en algo que aparecía en la pantalla.

Supuso que estarían discutiendo las últimas medidas adoptadas por el Departamento del Tesoro de Estados Unidos, que había ampliado su vigilancia para incluir las bolsas y los monederos, extendiendo una amplia red sobre cualquier entidad que operara en el espacio de las criptomonedas. Mientras caminaba, reflexionó sobre la postura de Nigeria y las normativas y medidas adoptadas por otros países. En Nigeria, el banco central prohibió a los bancos locales prestar servicios a los intercambios de criptomonedas, lo que llevó al comercio a la clandestinidad, lejos de la luz del escrutinio oficial. Le vino a la mente el mandato de Corea del Sur de utilizar cuentas con nombre real en el comercio de criptodivisas.

"Adaptarse o resistir", susurró mientras salía del café y avanzaba con los pies hacia su apartamento. Sabía que el trabajo que se estaba haciendo en el mundo de las criptodivisas aún estaba incompleto mientras el gobierno y los bancos centrales asumían la responsabilidad de regular el mundo de las criptodivisas. Su teléfono vibró con un mensaje de un colega: "Rusia propone reconocer las criptodivisas como moneda".

"Otra ficha de dominó que se tambalea al borde de la decisión", exclamó, tomando asiento en el café.

Entonces empezó a leer un artículo en su teléfono sobre los gobiernos de todo el mundo que están aplicando regulaciones y restricciones a las criptodivisas en respuesta a diversas preocupaciones y riesgos asociados a su uso. El título del artículo rezaba: "Se amplía el marco regulador". Según el artículo, las normativas pretendían abordar cuestiones como la protección de los inversores, la estabilidad financiera, el blanqueo de dinero y la financiación del terrorismo.

"Protocolos contra el blanqueo de dinero, requisitos para conocer al cliente", leyó en voz alta. No eran sólo términos; eran los tornillos que apretaban el escrutinio. Varios gobiernos de todo el mundo estaban imponiendo requisitos AML y KYC a los intercambios de criptomonedas y otros intermediarios para prevenir el blanqueo de dinero, la financiación del terrorismo y otras actividades ilícitas. La normativa exigía a las bolsas que verificaran la identidad de sus clientes, vigilaran las transacciones en busca de actividades sospechosas e informaran de cualquier transacción sospechosa a las autoridades reguladoras. Sabía que "los esfuerzos contra el blanqueo de capitales (AML) consisten en las leyes, reglamentos y procedimientos que están diseñados para evitar que los delincuentes cambien dinero obtenido a través de actividades ilegales - o "dinero sucio" en ingresos legítimos o "dinero limpio"."

Mientras leía el artículo, descubrió que muchos gobiernos exigen a las casas de cambio de criptomonedas y a otros proveedores de servicios que obtengan licencias o se registren ante las autoridades reguladoras. Estas regulaciones pretenden garantizar que estas entidades cumplen los requisitos de AML y KYC y se adhieren a las normas básicas de funcionamiento y seguridad. Los gobiernos también están trabajando en la imposición de impuestos sobre las transacciones de criptodivisas, las ganancias de capital y los ingresos generados por actividades relacionadas con las criptodivisas.

"Así pues, el Gobierno quiere que los particulares y las empresas que participan en transacciones de criptodivisas cumplan la legislación fiscal y contribuyan en la parte que les corresponde a los ingresos públicos. Veamos a dónde nos lleva", dijo mientras repasaba el resto del artículo. Incluía más información sobre los gobiernos que aplican normativas para proteger a los consumidores del fraude, las estafas y otros abusos en el mercado de la criptodivisa. La normativa incluía medidas para garantizar la transparencia, la divulgación de los riesgos y mecanismos de recurso para los inversores a los que las prácticas fraudulentas hayan perjudicado. "Después de solidificar su posición como el mayor centro minero del mundo en 2018, China tomó medidas estrictas contra las cryptocurrencies florecientes y prohibió las ICO". "Donde algunos países como China, Arabia Saudita, Egipto y varias naciones africanas impusieron una prohibición completa sobre el comercio de cryptocurrencies, algunos otros gobiernos impusieron una prohibición parcial o restricciones condicionales sobre el uso de cryptocurrencies para ciertos propósitos, como prohibir o limitar su uso para pagos, inversiones o recaudación de fondos." También mencionó la normativa relativa a la supervisión por parte de los gobiernos de las actividades con criptomonedas para detectar y prevenir actividades ilícitas como el blanqueo de capitales, la financiación del terrorismo y la evasión fiscal. También consideraron el uso de tecnología avanzada y análisis de datos para rastrear las transacciones de criptodivisas e identificar patrones sospechosos.

Tras leer el artículo completo, Roger dedujo que, en general, los gobiernos pretendían encontrar un equilibrio entre el fomento de la innovación en el sector de las criptomonedas y la mitigación de los riesgos para los inversores, la estabilidad financiera y la integridad del sistema financiero. Roger guardó su dispositivo en el bolsillo mientras sus pensamientos corrían más rápido que sus pasos. La postura de cada país ante la criptomoneda era crucial para determinar no sólo el futuro de la moneda digital, sino también el de los sistemas financieros de esos países. Mientras contemplaba diferentes aspectos del papel de los bancos centrales y los gobiernos, empezaron a recordarse en su mente los resultados de una encuesta que sugería que "podría haber 15 CBDC minoristas y nueve mayoristas circulando entre el público hacia finales de esta década".

Mientras Roger se dirigía a su apartamento, sabía que el papel de los bancos centrales y los gobiernos en la maniobra de las complejidades de la oferta monetaria y la inflación era más crucial que nunca.

Capítulo 6: La volatilidad de las criptomonedas

Ya era hora de que Roger decidiera ensuciarse las manos en el mundo de las criptomonedas invirtiendo directamente en ellas. Comentó su plan con uno de sus amigos, que era programador y ya se ocupaba del mundo de las criptodivisas.

"Está bien que quieras profundizar en el mundo de la criptodivisa", le dijo su amigo, "pero ten cuidado con los peligros que te acechan".

"¿Qué quieres decir con eso?", preguntó.

"Bueno, puede que hayas visto lo rápidas e impredecibles que han sido las fluctuaciones de precios en el mundo de las criptodivisas en periodos cortos. A diferencia de los mercados financieros tradicionales, donde los movimientos de precios son relativamente estables, la dinámica del mercado de criptodivisas es bastante diferente. Este mercado es conocido por su extrema volatilidad, y los precios de los activos digitales aquí a veces oscilan en porcentajes de dos dígitos en cuestión de horas o incluso minutos", dijo.

"Tiene razón. Lo he observado con las fluctuaciones del precio del Bitcoin. Pero, ¿cómo y por qué ocurre?" preguntó Roger.

"Las fluctuaciones del precio de Bitcoin provienen principalmente de los inversores y comerciantes que esperan un precio cada vez mayor en previsión de riquezas. "Sin embargo, en lo que respecta a las distintas criptodivisas, hay varios factores que contribuyen a su volatilidad. Entre los más populares se encuentran las fuerzas de la oferta y la demanda, los sentimientos del mercado y algunos otros factores", comenzó explicando su amigo. Sabes bien que la mayoría de las criptodivisas, como Bitcoin, tienen una oferta limitada. Esta oferta limitada, combinada con la creciente demanda, hace subir los precios de las criptodivisas. Por ejemplo, Bitcoin tiene un tope de oferta fijo de 21 millones de monedas. Esto hace que su naturaleza sea deflacionista, a diferencia de la moneda fiduciaria, que es inflacionista por naturaleza.

"Esto significa que a medida que crece la demanda de Bitcoin por cualquier motivo, su precio tiende a subir. Por el contrario, una disminución de la demanda o un aumento de la presión vendedora puede hacer que los precios caigan", dijo Roger, y su amigo asintió.

"Pero ¿qué pasa con las criptodivisas como Ethereum, que no tienen una oferta limitada?". preguntó Roger.

"Aunque Ethereum no tiene un límite máximo de suministro, tiene un mecanismo de quema que comprueba las demandas y el suministro de la criptodivisa en la red, estabilizando su valor. Se calcula que en 1,4 años se han quemado monedas de Ethereum por valor de unos 9.000 millones de dólares. Como resultado del mecanismo de quema, alrededor de 2,8 millones de tokens ETH han sido retirados de la red, evitando el exceso de oferta de tokens ETH en la red. Debido a esto, la oferta de ETH ha sido deflacionaria neta.

La quema o destrucción de tokens consiste en enviar tokens a una dirección de la que no se pueden recuperar. Esto reduce la oferta circulante del activo y conduce a una contracción final de la oferta global a lo largo del tiempo. Aunque el mecanismo de quema se implementó inicialmente para la regulación de las tarifas de gas de Ethereum, ahora desempeña un papel importante para mantener bajo control la oferta de tokens de Ethereum."

"Pero las fuerzas de la oferta y la demanda no siempre afectan al precio de las criptodivisas. Los precios de las criptodivisas están fuertemente influenciados por el sentimiento del mercado. La confianza de los inversores, el miedo, la incertidumbre y la especulación tienen un impacto en los precios de las criptodivisas. Las noticias o acontecimientos positivos en el ámbito de las criptomonedas, como las aprobaciones normativas, los avances tecnológicos o la adopción institucional, pueden impulsar los precios al alza. Por el contrario, las noticias negativas, las brechas de seguridad, las medidas regulatorias enérgicas o la manipulación del mercado pueden provocar fuertes caídas de precios."

"Esto tiene sentido ya que gran parte de la actividad comercial en los mercados de criptodivisas está impulsada por la especulación más que por el valor fundamental. Dado que los operadores a menudo compran y venden criptodivisas basándose en los movimientos de precios a corto plazo, esto conduce a oscilaciones de precios exageradas."

"Sí. También entran en juego otros factores. Por ejemplo, el entorno regulador puede influir significativamente en los precios de las criptodivisas, incluidos los anuncios o acciones reguladoras de gobiernos y organismos reguladores. Los mercados de criptomonedas son todavía jóvenes, y la incertidumbre regulatoria es un visitante frecuente. Lo habrás visto cuando las noticias de inminentes regulaciones o prohibiciones de las actividades con criptodivisas en determinadas jurisdicciones provocaron ventas de pánico y caídas de precios."

Por ejemplo, las noticias sobre prohibiciones, restricciones y regulaciones en China y otros países como Arabia Saudí y Qatar llevaron a los inversores a dudar de la fiabilidad de las criptodivisas. Por el contrario, unos marcos reguladores claros y una normativa favorable pueden aumentar la confianza de los inversores e impulsar los precios al alza. Además, en comparación con los mercados financieros tradicionales, los mercados de criptomonedas carecen de liquidez. Esto significa que las grandes órdenes de compraventa pueden tener un impacto desproporcionado en los precios. Esta falta de liquidez puede exacerbar la volatilidad, especialmente en las criptomonedas más pequeñas o menos negociadas.

"Creo que ha olvidado mencionar los avances tecnológicos. Cada actualización de software y cambio de protocolo dentro de las redes de criptodivisas tiende a influir en los precios. Los forks, las actualizaciones y otras mejoras de la tecnología blockchain afectan a la escalabilidad, la seguridad y la funcionalidad de la red, lo que lleva a cambios en los sentimientos de los inversores y, en última instancia, afecta a los movimientos de precios."

"La volatilidad de las criptomonedas parece ser algo a lo que no he prestado suficiente atención. Sí tengo una mayor tolerancia al riesgo, por lo que no tengo que reconsiderar mis decisiones de inversión ahora", dijo Roger.

"No. Mira, así es como la volatilidad de las criptomonedas puede tomarte el pelo. Es tu trabajo no dejar que lo haga. Mi consejo para cualquiera que invierta en criptodivisas es que diversifique sus inversiones. Ya sabes, diversificar una cartera global de inversiones reduce las fluctuaciones de la criptodivisa en tu patrimonio neto. Dado que se trata de un activo altamente volátil, considere menos como más cuando invierta en criptodivisas si es un nuevo inversor. La regla general (según betterment.com) al invertir en criptodivisas es invertir menos del 5% del total de sus activos invertibles en criptodivisas. Este porcentaje más bajo reduce tu susceptibilidad y riesgo a la vez que te ofrece una parte decente para aprovechar el valor de la criptodivisa cuando está alto". Sin embargo, para los inversores experimentados con horizontes temporales más largos, invertir hasta un 10-20% en criptodivisas puede resultar muy lucrativo, siempre que estén dispuestos a asumir los riesgos asociados a este sector de alto riesgo y altas recompensas y posean una mayor tolerancia al riesgo. En última instancia, la decisión de invertir en criptodivisas debe evaluarse caso por caso, teniendo en cuenta las circunstancias únicas del inversor y sus objetivos de inversión.

"Otra estrategia excelente es utilizar el promediado del coste en dólares. El promediado del coste en dólares es la práctica de invertir una cantidad fija de dólares de forma regular, independientemente del precio de la acción. Esto significa que usted compra una cantidad fija y consistente de cripto cada mes, semana o día, independientemente del precio. Esta es una estrategia eficaz para desarrollar hábitos de inversión disciplinados cuando se invierte en diferentes clases de activos y valores. Y, por último, algo que la mayoría de la gente tiende a pasar por alto es la importancia de supervisar intencionadamente su cartera de inversiones. La supervisión periódica es importante, pero el exceso de supervisión provoca estrés y ansiedad, especialmente si se pega a la pantalla durante un periodo bajista. Abstenerse de comprobar constantemente el rendimiento durante las tendencias bajistas del mercado es crucial para evitar tomar una decisión equivocada bajo la influencia de la ansiedad y el pánico." "Ser temeroso cuando los demás son codiciosos y ser codicioso sólo cuando los demás son temerosos". (Warren Buffett) Roger también investigó y descubrió que Betterment.com ofrece una manera fácil de iniciar una cartera de criptomonedas equilibrada de 17 criptomonedas seleccionadas por especialidad, incluyendo BTC & ETH y otras carteras gestionadas por Gemini Trust Company (Cameron y Tyler Winklevoss) por una tarifa nominal del 1%.

La discusión con su amigo animó a Roger a buscar más sobre los marcos de criptodivisas implementados para desencadenar una tendencia deflacionaria en sus valores. Tras investigar, descubrió que Pepe, una memecoin lanzada en Ethereum, es una de las principales monedas deflacionarias. Las monedas deflacionarias son criptomonedas, monedas y tokens cuya oferta total disminuye cada vez que se produce una transferencia de tokens. Un porcentaje de la cantidad transferida se quemará con cada transferencia. La política sin impuestos de Pepe, el sistema redistributivo que recompensa a los interesados a largo plazo y el mecanismo de quema son algunos de los factores que atraen a la comunidad de criptodivisas.

La criptomoneda se creó como homenaje al meme de Internet de la Rana Pepe creado por Matt Furie, que alcanzó una gran popularidad a principios de la década de 2000.

También obtuvo valiosos conocimientos sobre Baby Doge, una moneda deflacionaria diseñada para volverse más escasa con el tiempo. Le pareció interesante que todos los titulares de Baby Doge ganarán más Baby Doge, que se envían automáticamente a su monedero por el simple hecho de tener monedas Baby Doge en su monedero. Descubrió que cada transacción que se produce en la red Baby Doge lleva automáticamente a los titulares a recibir una comisión del 5%. Además de éstas, también encontró otras meme coins, como

Pitbull, DogeBonk, Siba Inu, Dogecoin, y otras, que ocupan titulares en el mundo de las criptodivisas. Una investigación y un análisis más profundos revelaron que las métricas de memecoin estaban demostrando ser métricas de vanidad para blockchains desesperadas y no lograban estimular ninguna adopción verdadera. Consideró que las métricas de vanidad de las memecoins y las monedas falsas eran similares a los likes y comentarios de los posts en las redes sociales que parecen espectaculares, pero no tienen un impacto sustancial en la vida real. Hay memecone millonarios y memecoin perdedores. Dependiendo del momento de entrada y salida, puede ser muy lucrativo.

Basándose en su investigación, Roger enumeró los tokenomics de las cinco principales criptomonedas por capitalización bursátil, junto con una comparación de su historial de precios y oportunidades potenciales, para ayudar a determinar en cuáles invertir. Para facilitar la tarea, presentó toda la comparación en forma de tabla para que la información fuera accesible.

Criptomoneda	Tokenomics	Utilidad	Historial de precios	Oportunidad
Bitcoin (BTC)	-La oferta fija crea escasez. -La minería de bitcoins cada cuatro años conduce a un calendario deflacionista de la oferta.	-Funciona principalmente como depósito de valor, similar al oro, pero tiene una funcionalidad de contrato inteligente comparativamente limitada.	-Tiene un historial bien establecido con una apreciación significativa del precio a lo largo de los años.	La oferta limitada y el estatus establecido ofrecen un potencial de almacenamiento de valor a largo plazo.
Ethereum (ETH)	- Oferta ilimitada, pero la emisión se controla mediante un mecanismo de quema.	- ETH se utiliza para realizar transacciones en la red Ethereum, impulsando diversas aplicaciones descentralizadas.	- El precio de Ethereum ha crecido junto con el aumento de DeFi y NFT.	Su utilidad y potencial de innovación futura en el espacio de las dApps ofrecen interesantes oportunidades

Tether (USDT)	-Valor vinculado al dólar estadounidense, con el objetivo de que las fluctuaciones de precios sean mínimas. -Emisión centralizada	-Los tokens Tether permiten a las empresas, monederos, procesadores de pagos, cajeros automáticos y servicios financieros	-El precio se ha mantenido relativamente estable	-Una opción popular para operar y protegerse contra la volatilidad de las criptomonedas.
Solana (SOL)	-Suministro inflable con un tope total de 1.500 millones de SOL. -Emisión continua de recompensas de red.	-Se utiliza para transacciones y comisiones en la red Solana, apoyando un creciente ecosistema de dApps.	-Ha experimentado un importante crecimiento de precios debido a su alto rendimiento y potencial de escalabilidad.	-El sólido ecosistema y el enfoque en DeFi pueden ofrecer oportunidades

Binance Coin (BNB)	-Quema trimestral de una parte de las fichas BNB para la reducción gradual de la oferta.	-Se utiliza para descuentos en las comisiones de negociación, participación en ventas de tokens en Binance Launchpad y otras funcionalidades.	- Se ha beneficiado del crecimiento de la bolsa Binance y de sus diversos casos de uso	La utilidad del token y el potencial de expansión continua del ecosistema presentan oportunidades

Una vez que Roger recopiló toda la información, se dio cuenta de que las principales criptomonedas ofrecían diversas tokenómicas con diferentes estructuras de oferta, funciones de utilidad y oportunidades potenciales. Junto con actores establecidos como Bitcoin y Ethereum, proyectos más nuevos como Solana también ofrecían un potencial de crecimiento único dentro del ecosistema de criptodivisas más amplio. Sin embargo, tras la conversación con su amigo, comprendió que todo inversor, ya sea novato o experimentado, debe tener en cuenta la tokenómica, la tecnología, la capitalización de mercado, el historial de precios y los factores reguladores de cada criptodivisa para evaluar las oportunidades de inversión, así como los perfiles de riesgo.

Durante su investigación, las grandes oscilaciones de precios en el valor de Bitcoin atrajeron la mayor atención de Roger. La histórica oscilación del precio de Bitcoin en 2017 escondió varias lecciones valiosas para todos en el ecosistema de las criptodivisas. Recordó finales de 2017, cuando Bitcoin experimentó una carrera alcista histórica, alcanzando un precio máximo histórico de casi 20.000 dólares por BTC. A principios de 2017, el precio de Bitcoin rondó los 1000 $ hasta que superó los 2000 $ en mayo. La tendencia al alza continuó hasta que alcanzó los 19.188 dólares en diciembre. Fue un gran avance para Bitcoin y las siguientes criptodivisas, lo que llevó a una mayor fe y confianza del público en ellas. Esta oleada se vio impulsada por la creciente concienciación y adopción de las criptomonedas por parte de la opinión pública y por las compras especulativas de inversores minoristas e institucionales. La gente se sorprendió y esperanzó al ver una nueva subida del precio. Sin embargo, este repunte del precio fue seguido de una importante corrección del mercado, con un desplome del precio del Bitcoin de más del 50% en los meses siguientes. Los principales inversores, economistas, gobiernos y científicos empezaron a darse cuenta del aumento del valor de Bitcoin. Otras entidades también se dieron cuenta del potencial de Bitcoin y empezaron a desarrollar criptomonedas para competir con ella. Tras su pico en diciembre de 2017, el precio de Bitcoin entró en un prolongado mercado bajista caracterizado por una serie de fuertes caídas de precios. En diciembre de 2018, el precio de Bitcoin había caído a alrededor de 3.000 dólares, lo que representaba una disminución sustancial desde sus máximos anteriores. Este desplome se atribuyó a diversos factores, como incertidumbres regulatorias, brechas de seguridad en los intercambios de criptodivisas y preocupaciones sobre la viabilidad a largo plazo de las criptodivisas.

Mientras Roger seguía estudiando la importante oscilación del precio del valor de Bitcoin en 2017 y sus razones subyacentes, su teléfono emitió un pitido, indicando una próxima notificación. Se trataba de una noticia cuyo titular saltó en su teléfono: "La subida de Bitcoin a 73.000 dólares puso al 99,76% de las entidades en beneficios, señalando la fase madura de un mercado alcista".

"¡Qué casualidad! ¿Se trata de otro desplome en ciernes tras una subida extraordinaria?", pensó mientras hacía clic en la noticia para explorar todos los detalles. Reveló que en los años posteriores al mercado bajista de 2017-2018, Bitcoin experimentó una recuperación gradual, con su precio subiendo gradualmente hacia sus máximos anteriores. En marzo de 2024, el precio de Bitcoin había superado su máximo histórico anterior, alcanzando un nuevo pico de casi 72.000 dólares por BTC. Al principio, Roger pensó que se trataba de otra subida de precios temporal impulsada por factores inusuales.

Sin embargo, más tarde se dio cuenta de que el resurgimiento se debía a varios factores, como el aumento de la adopción institucional, el creciente interés de los inversores minoristas y las incertidumbres macroeconómicas que impulsaron a los inversores a buscar almacenes de valor alternativos.

Roger creía que podía deberse a varios factores, como el aumento de la adopción institucional, ya que cada vez más instituciones financieras están empezando a invertir en Bitcoin. Además, Bitcoin es una cobertura contra la inflación, similar al oro, lo que podría atraerlos durante la incertidumbre económica. Además, las innovaciones y avances en la red Bitcoin o tecnologías relacionadas también podrían estar alimentando un renovado interés.

De repente, Roger se acordó de la reducción a la mitad del Bitcoin, prevista para abril de 2024. Sabía lo importante que era este acontecimiento en la historia de la criptodivisa para garantizar su suministro limitado. También sabía que tenía importantes implicaciones para la dinámica de la oferta y el precio de Bitcoin. Tras una subida masiva del valor de Bitcoin, teniendo en cuenta el registro histórico, sabía que la reducción a la mitad siempre tenía un impacto significativo en el valor de Bitcoin. Por lo tanto, sabía que la próxima reducción a la mitad podría aumentar aún más el precio de Bitcoin, alcanzando un nuevo ATH.

"Bitcoin halving es un evento periódico que tiene lugar después de que se haya minado cada bloque de bitcoin número 210.000".

Teniendo en cuenta el hecho de que se tarda alrededor de diez minutos en minar un bloque de Bitcoin, 210.000 bloques se minan en unos cuatro años, y por lo tanto, Bitcoin halving tiene lugar cada cuatro años. Dado que la última reducción a la mitad tuvo lugar en 2020, se espera que la próxima se produzca en 2024, a mediados de abril. La reducción a la mitad de Bitcoin es un evento preprogramado integrado en el protocolo de Bitcoin que se produce automáticamente una vez que se ha minado el límite establecido de bloques. Durante la reducción a la mitad, el número de nuevos Bitcoins creados con cada bloque minado se reduce a la mitad, disminuyendo la velocidad a la que se introducen nuevos Bitcoins en la circulación.

Dado que Bitcoin funciona con un programa de suministro deflacionista, con un tope máximo de 21 millones de Bitcoins que pueden llegar a crearse, el evento de reducción a la mitad es crucial para reducir gradualmente el ritmo de emisión de nuevos Bitcoin, lo que en última instancia conduce a un suministro fijo y finito. Cuando se produce la reducción a la mitad, la recompensa de los mineros por minar con éxito un nuevo bloque se reduce a la mitad.

Esto significa que los mineros reciben menos Bitcoins como recompensa por sus esfuerzos computacionales, reduciendo la tasa de creación de nuevos Bitcoin. Dado que la reducción a la mitad crea una escasez de Bitcoins disponibles en circulación, reduce la oferta y, en última instancia, conduce a un factor alcista para el precio de Bitcoin, aumentándolo significativamente. La reducción a la mitad crea escasez y puede aumentar potencialmente la demanda en relación con la oferta. Esto significa que como los mineros reciben actualmente 6,25

Bitcoin por cada bloque minado, durante el evento de reducción a la mitad en 2024, la recompensa se reducirá a la mitad, cayendo a 3,125 Bitcoin por bloque.

Un rápido vistazo al impacto en el precio de la reducción a la mitad reveló que siempre se producía una subida de precios tras la reducción, aunque fuera temporal, y el nuevo precio se establecía en una media más alta que antes. Descubrió que durante la reducción a la mitad de 2012, el precio pasó de 13 dólares a 1.152 dólares al año siguiente. La misma tendencia continuó durante el siguiente evento de reducción a la mitad en 2016, cuando el precio pasó de alrededor de 664 $ a 17.760 $ en los dos años siguientes. También recordó el acontecimiento de reducción a la mitad que tuvo lugar durante la pandemia mundial, que aún así provocó un asombroso aumento del precio de alrededor de 9.734 $ a 67.549 $.

Sin embargo, los factores de riesgo no podían negar el potencial que la criptodivisa tiene para los inversores. Robert recordó la sorprendente historia de Glauber Contessoto, el "millonario de SlumDoge" que pasó de la miseria a la riqueza con las criptomonedas.

Procedente de una familia humilde, Glauber definió su estilo de vida como realmente pobre cuando su familia se trasladó a Estados Unidos desde Brasil. Conoció la criptomoneda en 2021, cuando oyó hablar de Dogecoin y decidió invertir en ella. Sin dinero disponible, tuvo que vender casi todas sus acciones y pedir prestados algunos fondos para comprar Dogecoin. Un par de meses después, los tuits de Elon Musk dispararon el precio de Dogecoin, que subió un 37% en 24 horas. La repentina subida convirtió a Glauber Contessoto en cripto millonario. La historia de otro inversor, el Sr. Smith, le pareció aún más inspiradora, ya que cumplió su sueño de dar la vuelta al mundo con su criptoinversión. Smith, ingeniero de software, trabajaba en una gran empresa tecnológica de Silicon Valley y obtenía unos buenos ingresos. En 2010, cuando el precio del Bitcoin era de sólo 5 céntimos, compró 20.000 Bitcoins por 3.000 dólares.

Era un experimento para probar el potencial de crecimiento de las criptomonedas, y Smith quería mantenerlo a largo plazo para darle suficientes oportunidades de crecer. Tres años después, vio la noticia de una subida del precio del 10% en un solo día y vendió unas 2.000 monedas. Pocos días después, el precio alcanzó los 800 dólares, y vendió otras 2000 monedas. Después de ganar 2,3 millones de dólares con su comercio y un montón de Bitcoins aún en la mano, dejó su trabajo y se fue de viaje alrededor del mundo. Una inversión experimental le llevó a perseguir su sueño y vivir una vida de lujo en cuestión de días.

Estas historias de éxito podrían haber sonado demasiado buenas para ser ciertas si Roger no las hubiera presenciado él mismo. Una de sus amigas, Rachel, que sólo era profesora, hizo su fortuna en la criptoesfera con una escasa inversión inicial. Aún recordaba cuando ella vivía de cheque en cheque en un apartamento alquilado y no sabía nada de criptodivisas. Sin embargo, tras asistir a una fiesta posterior a una conferencia sobre criptodivisas, decidió probar suerte en la inversión en criptodivisas. Empezó a invertir los 25 dólares que le sobraban de su sueldo en criptodivisas y a promediar el coste en dólares. A los pocos años, su valor creció enormemente, alcanzando las siete cifras y dando un vuelco a su vida. El historial de precios reveló que el mercado de criptomonedas experimentó un ascenso meteórico en su capitalización bursátil, pasando de miles de millones a billones de dólares en los últimos años. Antes de 2021, la capitalización total del mercado de criptomonedas rondó los miles de millones de dólares durante varios años. Aunque Bitcoin había experimentado un crecimiento significativo, el mercado global seguía siendo relativamente pequeño en comparación con las clases de activos tradicionales. El año 2021 fue testigo de un auge histórico del mercado de las criptomonedas. Varios factores impulsaron este crecimiento, entre ellos el aumento de la adopción institucional, el interés de los inversores minoristas y el riesgo de DeFi y NFT. A finales de 2021, la capitalización total del mercado de criptodivisas alcanzó un máximo estimado de entre 3 y 4 billones de dólares. El propio Bitcoin superó por primera vez una capitalización de mercado de 1 billón de dólares.

Tras observar las fluctuaciones del precio de los Bitcoins a lo largo de los años, la pregunta que surgió en la mente de Roger fue por qué Bitcoin había alcanzado un máximo histórico (ATH) frente a algunas de las principales divisas, pero no necesariamente frente al dólar estadounidense (USD).

Algunas investigaciones detalladas revelaron que el dólar estadounidense se considera actualmente una divisa fuerte en comparación con otras. Varios factores, como el aumento de los tipos de interés en EE.UU. y la incertidumbre económica mundial, pueden aumentar la demanda del USD.

Esta fortaleza puede hacer que Bitcoin parezca relativamente más débil frente al USD, aunque su precio en términos de USD siga siendo alto. Por otra parte, si otras monedas importantes, como el euro (EUR) o el yen japonés (JPY), están experimentando debilidad debido a factores económicos específicos en sus respectivos países, el valor de Bitcoin en relación con esas monedas podría aumentar. Esto no reflejaría necesariamente un aumento del valor de Bitcoin, sino más bien una disminución del valor de la otra moneda. Por ejemplo, si Bitcoin tiene un precio de 65.000 dólares y el dólar se fortalece debido a la subida de los tipos de interés, podrían necesitarse más monedas de otras divisas, como euros (EUR) o yenes (JPY), para comprar la misma cantidad de Bitcoin. Esto haría que el precio de Bitcoin pareciera más alto frente a esas divisas. Por otro lado, si otras divisas se debilitan debido a situaciones económicas específicas, podrían necesitarse menos Euros o Yenes para comprar la misma cantidad de Bitcoin. Esto haría que Bitcoin pareciera haber alcanzado un ATH frente a esas divisas.

Dado que el precio de Bitcoin está determinado por la oferta y la demanda en las bolsas de criptodivisas, la actividad comercial puede alterar temporalmente el precio de Bitcoin en esas divisas. Por ejemplo, el precio que ves puede estar cotizado en un par de divisas específico, como BTC/EUR o BTC/JPY.

Una de las lecciones más valiosas que Roger aprendió en su viaje de criptoinversión fue la importancia de garantizar la seguridad de los activos digitales. Después de estudiar tanto sobre criptodivisas, supo que, como inversor, usted es el único responsable de la seguridad de sus activos digitales, y una de las formas de garantizar su seguridad es eligiendo la criptocartera adecuada para ellos. A medida que profundizaba en los tipos de monederos para almacenar y gestionar criptodivisas de forma eficiente, se encontró con monederos de custodia, de autocustodia y dispositivos de almacenamiento en frío, cada uno con su propio conjunto de ventajas y consideraciones.

"Los monederos de custodia son servicios de monedero ofrecidos por una empresa centralizada, como un exchange de criptodivisas".

Entendió que en un acuerdo de custodia de monedero, el proveedor de servicios tiene las claves privadas necesarias para acceder y controlar las tenencias de criptomoneda del usuario en su nombre. El usuario individual no es responsable de proteger la clave privada del monedero. En su lugar, confía en el proveedor de servicios para salvaguardar sus activos y realizar transacciones, lo que las hace convenientes para principiantes o para aquellos que prefieren delegar la responsabilidad de gestionar sus tenencias de criptodivisas.

Además de las aparentes ventajas de los monederos custodiados, se dio cuenta de que conllevaban ciertos riesgos, como la posibilidad de pirateo, robo o pérdida de fondos si las medidas de seguridad del proveedor de servicios se veían comprometidas.

Por otro lado, existen los monederos autocustodiados, también conocidos como monederos no custodiados. Permiten a los usuarios tener un control total sobre sus tenencias de criptomonedas al permitirles gestionar sus claves semilla privadas de forma independiente. Los monederos autocustodiados permiten a los usuarios generar y almacenar sus claves privadas de forma segura en sus propios dispositivos, como monederos de hardware, monederos de escritorio o monederos móviles. Por tanto, los usuarios son los únicos responsables de salvaguardar sus claves privadas y garantizar la seguridad de sus monederos. Esto hace que los monederos de autocustodia sean menos susceptibles a la piratería o al acceso no autorizado en comparación con las alternativas de custodia.

Entre los diversos monederos de criptomonedas disponibles para los usuarios, no todos son de autocustodia. En cambio, algunos monederos, en particular los proporcionados por bolsas centralizadas o servicios de monedero en línea, funcionan con un modelo de custodia en el que el proveedor del servicio controla las claves privadas. Para garantizar la máxima seguridad, se dio cuenta de que los usuarios deben tener cuidado al evaluar las características, medidas de seguridad y acuerdos de custodia de cualquier solución de monedero que elijan.

Al principio, Roger consideraba que los monederos con custodia eran los más viables; sin embargo, más tarde se dio cuenta de que también conllevaban algunos riesgos inherentes. El principal riesgo asociado a los monederos custodiados es su vulnerabilidad de seguridad. Dado que los usuarios confían sus claves privadas a terceros proveedores de servicios, estos monederos son susceptibles de sufrir brechas de seguridad, piratería informática y robos. Además, los usuarios se enfrentan al riesgo de contraparte, ya que el proveedor de servicios de custodia puede sufrir fraude, quiebra o problemas operativos. Esto puede llevar a una posible pérdida o congelación de los fondos. Los servicios de custodia pueden obligar a los usuarios a cumplir requisitos reglamentarios, como la verificación de la identidad y los procedimientos KYC (Conozca a su cliente). Esto conlleva el riesgo de comprometer la privacidad y el anonimato del usuario.

Por otro lado, algunas de las razones que considera que justifican el uso de un monedero de autocustodia son la mayor seguridad, la descentralización, la preservación de la privacidad y la resistencia a los riesgos de terceros. Los monederos autocustodiados ofrecen mayor seguridad y control sobre las tenencias de criptomonedas al permitir a los usuarios gestionar sus claves privadas de forma independiente. Además, se alinean con la naturaleza descentralizada de las criptomonedas, proporcionando a los usuarios propiedad y soberanía sobre sus activos sin depender de intermediarios o autoridades centralizadas. Al eliminar la dependencia de terceros proveedores de servicios, los monederos autocustodiados mitigan el riesgo de contraparte y aíslan a los usuarios de posibles interrupciones o fallos de las plataformas de custodia. Estos monederos atienden a los riesgos asociados a los monederos de custodia y, por tanto, presentan una solución más viable para los usuarios. El usuario es entonces responsable de su seguridad y de las copias de seguridad de las claves de siembra, así como del mantenimiento de su cartera de criptomonedas.

Después de explorar diferentes tipos de carteras de criptomonedas, Roger revisó las características, funcionalidad y acuerdos de custodia de su cartera. Buscó indicadores como la propiedad de la clave privada, la ausencia de terceros intermediarios y la adhesión a los principios de descentralización y capacitación del usuario. Se dio cuenta de que había estado utilizando un monedero de autocustodia.

Un día, mientras participaba en un debate en línea, Roger vio que alguien preguntaba por los monederos de criptodivisas. Al ver la pregunta, no pudo evitar que sus dedos teclearan la respuesta. Sabía lo importante que era tener la información correcta sobre los monederos de criptodivisas antes de entrar en el mundo de las criptodivisas. Refrescando sus conocimientos, empezó a teclear,

"Las criptocarteras pueden ser de dos tipos: criptocarteras calientes y frías. La característica distintiva entre una criptocartera caliente y fría es que una criptocartera caliente es una cartera en línea que siempre está conectada a Internet. En contraste, una cripto billetera fría es una billetera completamente fuera de línea que almacena su cripto fuera de línea. Considere una cartera fría como un escudo que mejora la seguridad de su activo digital. Dado que las claves semilla privadas se crean y mantienen fuera de línea, son comparativamente menos propensas a los intentos de pirateo en línea. Un monedero criptográfico caliente está conectado a Internet y se puede acceder a él a través de programas de software, mientras que un monedero criptográfico frío está totalmente desconectado y es accesible a través de dispositivos de hardware."

"¿Puede darme algunos ejemplos?" preguntó el usuario.

"Claro. Algunos de los ejemplos más comunes de billeteras calientes incluyen Coinbase Wallet, Exodus Wallet, MetaMask, Edge, Robinhood y Trust Wallet. Ya sea caliente o fría, una cartera de criptodivisas funciona basándose en una combinación de principios criptográficos y tecnología blockchain. Cuando se crea un monedero de criptodivisas, el software genera un par de claves criptográficas públicas y privadas. La clave pública es la dirección de tu monedero, que puedes compartir con otras personas para recibir fondos. La clave privada es como una contraseña que le da acceso a sus fondos, pero debe mantenerse en secreto. Las claves se almacenan digitalmente en un monedero caliente en un dispositivo conectado a Internet, como un ordenador o un smartphone. Mientras tanto, las claves se almacenan fuera de línea en un monedero frío, normalmente en un dispositivo físico o en papel. El usuario utiliza su clave privada para firmar una transacción para enviar o gastar criptomoneda desde su monedero. Esta transacción incluye la clave pública del destinatario, la cantidad de criptodivisa a transferir y cualquier dato adicional requerido por la red blockchain."

"¿Cuál sugerirías elegir entre ellos?"

"No voy a sugerir ninguna. A la hora de elegir un hot wallet, hay que tener en cuenta varios factores. Por ejemplo, el diseño del monedero, su tarifa y las opciones de integración disponibles. Del mismo modo, los monederos fríos tienen sus limitaciones y consideraciones. Le sugiero que investigue todas las opciones disponibles antes de elegir la que mejor se adapte a sus necesidades, pero lo ideal es tener una combinación de soluciones de almacenamiento en caliente y en frío para su cartera", afirma Roger.

Recordó los pros y los contras de las carteras calientes que experimentó cuando utilizó una. Al estar basadas en Internet, permitían a los usuarios acceder fácilmente a ellas para realizar diversas actividades de forma eficaz y desde distintos dispositivos. Lo mejor que Roger descubrió sobre las hot wallets es que eran gratuitas; sin embargo, más tarde descubrió algunas que exigían el pago de intereses por la criptomoneda almacenada.

Sin embargo, las hot wallets no estaban exentas de inconvenientes. Al principio, Roger se topó con algunas hot wallets sin cifrar y se dio cuenta de que no eran tan fiables como las cifradas. No sólo eran vulnerables a los piratas informáticos, sino que algunas hot wallets tenían restricciones legales y sólo se podía acceder a ellas en determinados lugares sin utilizar una VPN.

"Al menos los monederos fríos no eran tan susceptibles de ser hackeados por estar completamente desconectados", pensó. Los incidentes de piratería y ciberataques fueron la principal razón por la que los monederos fríos ganaron popularidad y adopción rápidamente. Recordaba los dispositivos de hardware parecidos a una memoria USB, como un libro de contabilidad; ese era el aspecto de los monederos fríos, que costaban entre 50 y 200 dólares. Existen varios tipos de monederos fríos: monederos de papel, monederos de hardware, técnicas de almacenamiento en frío profundo y monederos multifirma. Los monederos de papel tienen forma de documento con claves públicas y privadas y un código QR impreso en ellos para facilitar las transacciones. Los monederos de hardware son simples dispositivos USB o inteligentes. En cambio, el almacenamiento profundo en frío mejora la seguridad de los monederos. Facilita a las personas que necesitan un acceso mínimo a sus monederos el almacenamiento de los monederos hardware en cámaras acorazadas o la geoseparación de partes de las claves de esos monederos.

"Ya sea en caliente o en frío, elegir el tipo de monedero adecuado depende de factores como las preferencias de seguridad, la comodidad y la frecuencia de las transacciones. Yo prefiero utilizar una combinación de monederos calientes y varios fríos/hardware para mi cartera de inversiones. Según mi experiencia y las sugerencias de los expertos, la mejor práctica de seguridad es utilizar monederos custodiados o de software en caliente para las transacciones de entrada y salida para convertir cripto en fiat y viceversa. Los monederos calientes suelen ser más convenientes para el uso frecuente y proporcionan un modo rápido para la transferencia rápida y fácil de fondos.

Dado que las transacciones regulares son en cantidades más pequeñas, la pérdida aún puede ser soportable en comparación con la pérdida de grandes cantidades de fondos en su cartera. Una vez que haya completado las transacciones, puede utilizar con seguridad las billeteras de hardware para almacenar sus fondos criptográficos a largo plazo."

"Y permítanme dejar una cosa clara. Elegir la criptocartera adecuada es sólo el primer paso para un almacenamiento efectivo de cripto. Aunque las billeteras frías ofrecen características de seguridad mejoradas en comparación con las billeteras calientes, todavía requieren un manejo cuidadoso y una custodia segura para evitar pérdidas o daños. Proteger y respaldar adecuadamente las claves privadas garantiza el acceso a los activos digitales almacenados en carteras frías. Puede encontrar innumerables monederos Bitcoin inactivos cuyos propietarios olvidaron o perdieron sus claves privadas. Por lo tanto, debe hacer una copia de seguridad de la frase semilla de su monedero criptográfico, que es su frase secreta de recuperación. Una frase semilla es una serie de 12 a 24 palabras aleatorias que sirven como último recurso para desbloquear tu monedero de criptomonedas y sus claves privadas. Esta clave suele generarla el software de tu monedero criptográfico y se deriva de sus claves privadas. Considérela la contraseña maestra de su cartera digital. Una vez creada, es imprescindible registrarla con precisión", añadió.

"No lo sabía. Gracias, amigo", respondió el usuario.

"Pero creo que debo hacer más hincapié en la importancia de garantizar la seguridad de tu frase de recuperación de semillas. Recuerda que perder tu frase de recuperación de semilla se traduce en perder todos tus fondos de criptodivisas almacenados en la cartera, y nadie puede ayudarte a recuperarlos. Y si otra persona consigue acceder a tu frase de recuperación de semillas, puede utilizarla para acceder a tu monedero y a todos los fondos almacenados en él. La criptografía se basa en la autocustodia, así que ten siempre una copia de seguridad", escribió Roger.

"¿Dónde sugieres que guarde mi frase semilla de recuperación entonces?", preguntó el usuario.

"Bueno, guardar la copia de seguridad de tu frase semilla en papel no es viable, ya que puede perderse o destruirse fácilmente. Necesitas guardar tu copia de seguridad de forma que sea a prueba de agua, golpes, hackers e incendios. Recomiendo guardarla o grabarla en una tarjeta metálica para garantizar su longevidad. Después, asegúrate de guardarla en una caja fuerte o en un contenedor ignífugo", escribió. "Y no la compartas con nadie, ni la guardes en ningún servicio basado en la nube, ni en nada conectado a internet. De lo contrario, sería susceptible de sufrir amenazas de seguridad en línea y ataques de piratas informáticos", añadió. Algunas otras personas también se unieron a la conversación y empezaron a compartir sus mejores prácticas para el almacenamiento de la frase de recuperación de semillas. También mencionaron algunos nombres de soluciones populares de copia de seguridad de claves de semillas metálicas, como Billfodl, Cryptosteel, ColdTi y Bitkee. Antes de salir de la discusión, Roger sintió la necesidad de mencionar que la mejor práctica sería utilizar un monedero de hardware como un libro mayor para realizar transacciones y luego revocar los contratos aprobados después de que la transacción se haya completado. Mantener las claves privadas totalmente desconectadas cuando se envíen, reciban o intercambien criptoactivos sería la mejor forma de protegerse contra las amenazas y los ataques a la seguridad en línea.

Mientras apagaba su ordenador, Roger pensaba en la evolución del ecosistema de las criptomonedas. El mercado de las criptomonedas sigue evolucionando, con los continuos avances tecnológicos, los debates sobre regulación y el interés de los inversores que determinan su futuro. Como es muy dinámico, tiende a fluctuar rápidamente. Aunque la capitalización del mercado asciende actualmente a billones, persisten el riesgo de volatilidad y el potencial de crecimiento e innovación.

Capítulo 7: El auge de los criptoactivos y las oportunidades de inversión

"¿No sabes nada de NFTs? ¿Qué haces en este mundo, hermano?".

Roger estaba tomando un café caliente en su cafetería favorita cuando escuchó a un grupo de jóvenes hablar de las NFT. Su conversación llamó naturalmente su atención, ya que estaban sentados justo a su lado. En cuanto uno de ellos mencionó que no conocía las NFT, los demás empezaron a abuchear en voz alta y a burlarse.

"Eh, calmaos todos. Dejad que os lo explique", dijo con calma uno de los chicos.

"Supongo que al menos sabéis que los NFT son tokens no fungibles. Son activos verificados por blockchain que no pueden ser replicados o corrompidos", dijo.

"A diferencia del dinero físico y las criptodivisas, no se pueden intercambiar ni negociar entre sí", explicó. "Cada NFT es único, y puede ser cualquier cosa, incluida una foto, un vídeo, archivos de audio, arte, objetos de colección y otros activos digitales".

Todo tipo de personas, famosos incluidos, se subieron al carro de los NFT, seducidos por su meteórico ascenso en fama y valor. Probablemente deseaban aprovechar el valor en alza de los NFT y amasar una fortuna; sin embargo, no mucho después, sus inversiones los convirtieron en los mayores perdedores.

"¿Ha oído hablar de la inversión de 1,3 millones de dólares de Justin Beiber en la NFT Bored Ape? En sólo un año, su valor cayó a 60.000 dólares".

"Y no es el único. La historia de Sina Estavi es aún más trágica. Compró la versión tokenizada del primer tuit de Jack Dorsey y lo llamó la Mona Lisa del mundo digital. Ahora, está a punto de perderlo todo al no encontrar una oferta razonable. La última vez que lo comprobé, había alcanzado su nuevo mínimo histórico, valorado en 3,77 dólares".

"También he oído lo mismo de Madonna, Eminem y Neymar Jr. Invirtieron grandes cantidades en la colección de yates de Bored Ape y acabaron perdiendo todo el dinero invertido. El hype inicial hizo que todo el mundo se volviera loco por multiplicar sus inversiones, pero ahora que el hype ha decaído, los inversores buscan la manera de deshacerse de sus NFT y minimizar la sangría de pérdidas."

"Claro, ¿qué se podía esperar después de un desplome de casi el 90% de sus inversiones?".

La conversación llevó a la mente de Roger unos años atrás, cuando Quantum saltó a los titulares en 2014 como la primera NFT del mundo. En aquel momento, nadie sabía que podría venderse por 1,47 millones de dólares solo siete años después. En 2015, Spell of Genesis se hizo famoso como el primer juego de cartas coleccionables blockchain. Le siguió Rare Pepes en

2016. Estas tarjetas coleccionables facilitaron la creación del primer mercado de criptomonedas. Más tarde, en 2017, CryptoPunks pasó a primer plano como uno de los primeros proyectos de arte generativo más populares que inspiró la creación de ERC-721. Uno de los primeros juegos de NFT construidos en Ethereum, CryptoKitties, se lanzó ese mismo año. Obtuvo una amplia atención mediática y una tracción masiva de la gente. También facilitó la creación de Axie Infinity, uno de los primeros juegos NFT basados en Ethereum y basados en el modelo "jugar para ganar". Los primeros avances sentaron las bases para próximas innovaciones como Decentraland, NBA Top Shot y Art Blocks en 2020 y Bored Ape Yacht Club en 2021. Al famoso Bored Ape Yacht Club se le atribuye el inicio de la moda de los avatares y la consolidación de las NFT como un fenómeno de la cultura pop, algo que obligó incluso a celebridades a invertir en NFT y, en última instancia, a afrontar pérdidas masivas.

"Siento que el ascenso meteórico de las NFT en 2021 estaba destinado a terminar en un baño de sangre que ocurrió en 2022. Aunque BTC se recuperó después de irse por el desagüe, las NFT nunca pudieron recuperarse. Sus precios siguieron bajando. No creo que vuelvan a recuperarse". La discusión de los chicos devolvió su atención al presente mientras saboreaba su donut sobrante.

"Nunca se sabe. Como es volátil, puede ir en cualquier dirección. Puede que recupere parte de sus pérdidas en un futuro próximo". El chico dijo, Su discusión se ha desplazado ahora hacia otros temas, mientras Roger pensaba que probablemente había un fallo en la comercialización de los NFT. Como sólo se anunciaban como un flex imprescindible para los mega-ricos, los inversores nunca se dieron cuenta de su verdadero potencial".

Roger cree que nunca se puede estar seguro de que el valor de las NFT haya disminuido, independientemente de las fluctuaciones y los retos experimentados en el mercado. Aunque el revuelo y el frenesí especulativo hayan remitido, las NFT siguen ofreciendo oportunidades únicas a creadores, coleccionistas e inversores en forma de propiedad digital, expresión creativa, coleccionabilidad y escasez, e innovación y experimentación. Aunque el mercado de las NFT puede haber experimentado periodos de volatilidad e incertidumbre, la propuesta de valor subyacente podría seguir siendo atractiva para los participantes en el ecosistema.

En las finanzas descentralizadas (DeFi), los protocolos de préstamo se rigen por algoritmos predefinidos que facilitan los préstamos automáticos, permitiendo a los usuarios apalancarse.

Mientras buscaba plataformas de préstamo descentralizadas, Roger se topó con Aave, un protocolo basado en Ethereum y una plataforma descentralizada de préstamos de criptomonedas que ofrece préstamos automáticos de criptomonedas. Sin embargo, requiere una garantía en forma de criptomoneda. Cualquiera que desee tomar criptomonedas prestadas debe depositar una criptomoneda y tomar prestadas otras. Las criptomonedas ofrecidas como préstamo sólo están limitadas a un determinado porcentaje del valor de la garantía (loan-to-value). Dado que Aave utiliza contratos inteligentes, el proceso de préstamo y tareas como el cálculo del plazo del préstamo, el cálculo de la garantía depositada y la distribución de criptodivisas están automatizados. Los contratos inteligentes facilitan la eliminación del intermediario tercero, lo que conduce a transacciones descentralizadas. Los prestamistas también pueden utilizar esta plataforma depositando sus fondos y ganando intereses contra ellos. El token nativo ofrecido por Aave se llama AAVE, con el que se pueden ganar intereses a través de la estaca.

El impacto de la liquidación sigue presente en las transacciones de Aave. Si el valor de la garantía depositada por los prestatarios cae demasiado, la garantía puede ser liquidada. El marco operativo de Aave también es interesante. En lugar de emparejar directamente a prestamistas y prestatarios, Aave permite a prestamistas y prestatarios depositar sus fondos criptográficos en los pools de liquidez, desde los cuales los activos se prestan a prestatarios cualificados.

Los creadores de mercado automatizados (AMM) mantienen la liquidez del ecosistema DeFi. Utilizan pools de liquidez, permitiendo a los usuarios depositar criptomonedas y facilitando la liquidez. A diferencia de los mercados tradicionales de compradores y vendedores, los AMM facilitan la negociación automática de activos digitales sin necesidad de autorización. El marco que subyace a esta tecnología implica que el control no debe ser exclusivo de nadie, y debe permitirse la participación de cualquiera. Las bolsas descentralizadas (DEX) siempre se han enfrentado a problemas de liquidez. AMM abordó esos retos permitiendo que la liquidez de los pools de liquidez viniera determinada por el número de activos agrupados en ellos.

Cuanto mayor sea el número de activos agrupados, mayor será la liquidez y más fácil la negociación. Sin embargo, la liquidez continua que proporcionan los MGA no es su única ventaja. Además de hacer posible la negociación de divisas menos populares, las AMM también hacen accesible la negociación al permitir que todo el mundo participe en ella proporcionándoles liquidez. Las comisiones también son comparativamente más bajas que las de las bolsas tradicionales. Como suelen operar sin interferencias centralizadas, ofrecen mayor control y autonomía a los usuarios.

Vitalik Buterin también hizo hincapié en la necesidad de que las AMM no sean la única opción disponible para el comercio descentralizado. En su lugar, destacó la necesidad de muchas otras formas de comerciar con tokens. Finalmente, se lanzaron tres variantes de creadores de mercado automatizados: Uniswap, Curve y Balancer. El modelo más duradero entre ellos es Uniswap, que permite a los usuarios crear un fondo de liquidez con cualquier par de fichas ERC-20 en una proporción 50/50.

El criptointercambio descentralizado (parcialmente financiado por Binance Labs) PancakeSwap es conocido por sus bajas comisiones y sus rápidas transacciones, en las que cualquiera con una criptocartera puede intercambiar tokens o apostarlos a cambio de recompensas. Sus altas tasas de recompensa lo hicieron extremadamente popular en 2021; sin embargo, también atrajo la atención de los estafadores, que pronto lo convirtieron en un refugio para los esquemas de pump-and-dump. Al ser una plataforma automatizada de creadores de mercado, PancakeSwap tiene cuatro características clave: comerciar con tokens criptográficos, ganar recompensas, ganar premios y comprar NFT. PancakeSwap es más popular que otras plataformas AMM del ecosistema porque se creó en la cadena inteligente BNB, que mantiene las comisiones bajas y facilita un procesamiento más rápido de las transacciones. Binance Smart Chain (BSC) es una red blockchain desarrollada por Binance, una de las mayores bolsas de criptodivisas del mundo. Lanzada en septiembre de 2020, BSC está diseñada para proporcionar una plataforma de alto rendimiento y bajo coste para crear aplicaciones descentralizadas (DApps) y ejecutar contratos inteligentes. Funciona como una cadena paralela a Binance Chain, ofreciendo compatibilidad con la Máquina Virtual Ethereum (EVM) y soportando las herramientas del ecosistema Ethereum, incluyendo monederos, exploradores y herramientas para desarrolladores. BSC cuenta con un mecanismo de consenso conocido como Proof of Staked Authority (PoSA), que combina elementos de los algoritmos de consenso Proof of Stake (PoS) y Byzantine Fault Tolerance (BFT). Este mecanismo de consenso permite la rápida finalización de las transacciones y un alto rendimiento, con tiempos de bloque de aproximadamente tres segundos y tarifas de transacción significativamente más bajas que las de la red Ethereum.

Otros MGA populares, Uniswap y SushiSwap, se basan en Ethereum, que cobra comisiones de gas más elevadas y ofrece velocidades de transacción inferiores debido a la congestión de las redes. SushiSwap es un protocolo de intercambio descentralizado (DEX) y creador de mercado automatizado (AMM) construido sobre la blockchain de Ethereum. Sin embargo, ha ampliado sus operaciones a otras redes blockchain, incluida Polygon. Como una de las principales plataformas DEX, SushiSwap permite a los usuarios negociar una amplia gama de tokens, proporcionar liquidez a grupos de liquidez y obtener recompensas a través de la agricultura de rendimiento. Al integrarse con Polygon, SushiSwap aprovecha la escalabilidad de la red y las bajas tarifas de transacción para ofrecer a los usuarios una experiencia de negociación más eficiente y asequible.

Sólo unos meses después de su creación, BSC se convirtió en una de las mayores bolsas de criptomonedas descentralizadas en términos de la cantidad depositada por sus usuarios. Como las elevadas tasas de gas de Ethereum planteaban problemas de escalabilidad para la blockchain, se formuló una solución en forma de Polygon. La pila de protocolos, Polygon, tenía como objetivo solucionar los problemas de escalabilidad de Ethereum y se convirtió en la fuerza impulsora de desarrollos transformadores en el espacio de las criptomonedas. Polygon, antes conocido como Matic Network, es una solución de escalado de capa dos para Ethereum que pretende mejorar la escalabilidad, reducir los costes de transacción y mejorar la experiencia del usuario en la blockchain de Ethereum. Para ello, utiliza cadenas laterales, también conocidas como "cadenas de confirmación", que son interoperables con la red principal de Ethereum. Polygon proporciona a los desarrolladores un marco para desplegar redes de blockchain escalables y personalizables, permitiendo la creación de aplicaciones descentralizadas (DApps) con alto rendimiento y baja latencia.

Con el tiempo, Polygon se ha convertido en la fuerza motriz de los avances transformadores en el espacio de las criptomonedas. Preon es una bolsa descentralizada (DEX) construida sobre la red Polygon. Al igual que otras plataformas DEX, permite a los usuarios operar con varias criptomonedas directamente desde sus carteras sin intermediarios. Aprovechando la escalabilidad y las bajas comisiones por transacción de Polygon, Preon Finance pretende ofrecer a los usuarios una experiencia de negociación fluida y rentable. Los usuarios pueden intercambiar tokens, proporcionar liquidez a pools de liquidez y ganar recompensas en el token nativo de Preon participando en la gobernanza de la plataforma. Se trata de un protocolo de préstamo sin intereses que ofrece oportunidades de préstamo únicas.

Beefy Finance es una plataforma descentralizada de optimización del rendimiento que opera en varias redes blockchain, incluida Polygon. Automatiza el proceso de maximización de los rendimientos agrícolas optimizando la composición de los activos a través de diferentes protocolos DeFi. Los usuarios pueden depositar sus activos en las bóvedas de Beefy Finance, y los algoritmos de la plataforma asignan automáticamente estos activos a las oportunidades de cultivo de rendimiento más lucrativas disponibles en la red Polygon. Utilizando Beefy Finance, los usuarios pueden ganar recompensas de forma pasiva sin gestionar activamente sus inversiones en DeFi.

Es necesario seguir de cerca los principales proyectos del ecosistema Polygon, ya que ejemplifican el potencial de las finanzas descentralizadas y blockchain para cambiar la forma en que interactuamos con el mundo físico.

Entre ellos destacan Aave, Gamma, QuickSwap y Superfluid. Aave destaca como piedra angular del espacio DeFi, ofreciendo servicios descentralizados de préstamos y empréstitos en varias blockchains, incluidas Polygon y Ethereum. Tiene un alto rango en Total Value Locked (TVL) debido a sus incentivos de minería de liquidez y a su sencilla interfaz. Gamma, por su parte, es una maravilla de la optimización del rendimiento, que ofrece una gestión de la liquidez automatizada y concentrada. QuickSwap es famoso por ofrecer operaciones rápidas a precios competitivos, lo que lo sitúa como uno de los mejores protocolos DeFi en Polygon. Superfluid ha revolucionado los pagos en la blockchain, permitiendo a los usuarios agilizar la gestión de recompensas. Ha demostrado ser una herramienta esencial para la integración de las criptodivisas en la vida cotidiana. Además de estas opciones, Tangible destaca por sus características únicas. Se trata de un ecosistema para activos del mundo real tokenizados que utilizan USD reales, una stablecoin de rendimiento nativo respaldada por bienes inmuebles. La plataforma permite a los usuarios comprar bienes físicos valiosos utilizando USD reales. La transacción da lugar a la acuñación de un token tangible no fungible (TNFT), que puede transferirse, venderse o canjearse por el artículo adquirido.

GameFi, abreviatura de "Game Finance", se refiere a la intersección de la tecnología blockchain, las finanzas descentralizadas (DeFi) y la teoría de juegos. Combina elementos de juego, como fichas no fungibles (NFT), activos virtuales y mecánicas de jugar para ganar, con servicios financieros como apuestas, préstamos y cultivos de rendimiento. Su objetivo es aumentar el interés de los usuarios por un determinado proyecto de blockchain, profundizando su relación con una criptomoneda específica. La plataforma ofrece a los jugadores la oportunidad de participar en diversas actividades de juego para ganar recompensas. Las recompensas pueden incluir tokens, NFT u otros coleccionables digitales. A continuación, pueden utilizarse en el juego o intercambiarse en bolsas descentralizadas (DEX) por otras criptodivisas.

Al profundizar en las plataformas GameFi, Roger se enteró de que estas plataformas suelen ofrecer juegos descentralizados, en los que la propiedad y el control de los activos del juego se registran en la cadena de bloques. Este marco garantiza la transparencia, la seguridad y la interoperabilidad. Los jugadores pueden comprar, vender e intercambiar libremente estos activos, creando un vibrante ecosistema de economías virtuales. Además, los proyectos GameFi pueden incorporar protocolos DeFi para ofrecer servicios financieros adicionales a los jugadores, como la minería de liquidez, la agricultura de rendimiento y la estaca de tokens. Esto permite a los jugadores obtener ingresos pasivos mientras participan en actividades de juego.

GameFi representa una fusión innovadora entre el juego y las finanzas descentralizadas, ofreciendo nuevas oportunidades a los jugadores para monetizar sus experiencias de juego y participar en las economías digitales emergentes. Pensando en aprovechar el potencial de GameFi, Roger descubrió algunos juegos populares como Axie Infinity y Decentraland. Ambos juegos se basaban en el modelo P2E, con coleccionables y NFT como recompensas. También encontró otros juegos, como The Sandbox, Cryptokitties, Gods Unchained y Splinterlands. Los tipos de juegos variaban; sin embargo, todos utilizaban modelos P2E y permitían a los jugadores o usuarios monetizar su experiencia de juego. Consultó a algunos expertos para que le aconsejaran sobre cómo acceder a las plataformas GameFi. Le aconsejaron que empezara con una pequeña inversión de tiempo y recursos en estas plataformas para probar sus características y políticas de retirada. Esto permitirá a los nuevos jugadores como él calibrar la fiabilidad de la plataforma sin arriesgarse a sufrir pérdidas importantes.

Para tener una experiencia de primera mano, Roger seleccionó una plataforma y comprobó los requisitos. Tuvo que crear una cuenta tras compartir algunos datos personales básicos y configurar una dirección de monedero para recibir y almacenar recompensas. Una vez que jugó y recogió algunas recompensas, comprobó el saldo de su monedero. Aunque las recompensas se transfirieron a su monedero, aún no podía recuperarlas porque todavía no se había alcanzado el límite mínimo de retirada. Una vez alcanzado el límite mínimo, la plataforma no le pidió ninguna comisión adicional por la conversión de las recompensas obtenidas. Sin embargo, descubrió otras plataformas que exigían comisiones por convertir los tokens ganados en moneda fiduciaria u otros activos digitales.

También tuvo la oportunidad de hablar del Metaverso, la tecnología que se prevé que proporcione a los usuarios una experiencia similar a la real en un mundo parecido a un videojuego. A diferencia de la afirmación de Mark Zuckerberg de que Metaverse sería el futuro de Internet, la tecnología resultó ser una moda pasajera que no superó la prueba del tiempo y murió poco después de su introducción. A pesar del bombo y platillo que rodeó la introducción de la plataforma, el Metaverso no pudo llevar una vida saludable, y más tarde resultó que las ideas de negocio y las proyecciones de mercado que ofrecía se basaban en vagas promesas. A pesar del bombo inicial, la gente se mostró reacia a utilizarla cuando se le dio la oportunidad. Se demostró que Meta no podía convencer a la gente de que utilizara el producto por el que la empresa había apostado su futuro. A medida que crecía el revuelo en torno a la Inteligencia Artificial generativa, el encanto de Metavese empezó a desvanecerse y, finalmente, desapareció por completo. Ante la falta de confianza e interés de la gente en la tecnología, las empresas que antes habían adoptado la idea también dieron un paso atrás. Desde Walmart, que puso fin a sus proyectos Metaverse basados en Roblox, hasta Disney, que cerró su división Metaverse, la promesa de Metaverse de ser el futuro también terminó.

***

Un día, mientras buscaba las últimas tendencias en el ecosistema de las criptomonedas, Roger vio varios titulares sobre las meme coins. Las meme coins también llamaron su atención por su naturaleza única y su popularidad. Sabía que habían desempeñado un papel importante en la gran popularidad de las criptodivisas. Al investigar más sobre ellas, descubrió que las meme coins, como Pepe y Shiba Inu (SHIB), han ganado una atención significativa en la criptodivisa debido a su naturaleza viral y al marketing impulsado por la comunidad. Estas monedas suelen tener su origen en memes de Internet o referencias a la cultura popular y a menudo carecen de utilidad fundamental o valor intrínseco. PepeCoin, por ejemplo, toma su nombre del famoso personaje de Internet Pepe la Rana y se hizo popular inicialmente como meme en determinadas comunidades en línea. Del mismo modo, la moneda Shiba Inu, inspirada en el meme Dogecoin, muestra la imagen de la raza canina Shiba Inu y ha conseguido un gran número de seguidores.

Roger sabía que antes de invertir, primero debía comprobar las tendencias y ver hasta qué punto los inversores se daban cuenta de su potencial. Su investigación reveló que, si bien las meme coins pueden atraer a inversores que buscan ganancias rápidas o participar en la cultura meme, a menudo se asocian con una alta volatilidad y operaciones especulativas. Muchas meme coins carecen de casos de uso en el mundo real o de tecnología subyacente, lo que hace temer por su sostenibilidad a largo plazo y su potencial de manipulación.

También se dio cuenta de que invertir en meme coins conlleva riesgos significativos, ya que su valor puede fluctuar drásticamente en función de las tendencias de las redes sociales, el respaldo de los famosos y la especulación del mercado. Dado que las finanzas descentralizadas no están reguladas, los protocolos DeFi son bien conocidos por los estafadores para ganar dinero rápido. Además, el escrutinio normativo y las vulnerabilidades de seguridad plantean retos adicionales para los proyectos de meme coin. A pesar de estos riesgos, las meme coins siguen atrayendo la atención y la inversión, alimentadas por el bombo de las redes sociales y la actividad comercial especulativa. Sin embargo, los inversores deben actuar con cautela e investigar a fondo antes de participar en los mercados de meme coins.

Una forma común en que los estafadores pueden utilizar este método es a través de esquemas de pump-and-dump. Los esquemas de pump-and-dump que involucran nuevas monedas son una ocurrencia común en el espacio de las criptomonedas. En estos esquemas, un grupo de inversores infla artificialmente el precio de una criptomoneda recién lanzada o de bajo volumen mediante la coordinación de la actividad de compra, a menudo a través de plataformas de medios sociales o grupos de chat. Una vez que el precio alcanza un determinado nivel, los orquestadores venden sus participaciones, provocando el desplome del precio y dejando a otros inversores con pérdidas significativas. Estos sistemas se aprovechan de las tácticas de manipulación del mercado y se aprovechan de los inversores inexpertos, que pueden ser víctimas del bombo publicitario que rodea a una nueva moneda.

Una cosa que Roger notó durante su viaje de exploración fue la gran popularidad de los canales de Telegram y Discord. Los canales de Telegram y Discord son plataformas de comunicación populares que los entusiastas y las comunidades de criptomonedas utilizan para debatir las tendencias del mercado, compartir estrategias de inversión y participar en ofertas iniciales de monedas (ICO) o ventas de tokens. Estos canales pueden servir como valiosas fuentes de información y oportunidades de establecer contactos para los inversores que buscan ideas y oportunidades en el espacio criptográfico. Sin embargo, también pueden ser centros de desinformación, esquemas de pump-and-dump y actividades fraudulentas, lo que pone de relieve la importancia de llevar a cabo una investigación exhaustiva y actuar con cautela al participar en este tipo de comunidades.

Roger tuvo suerte de conocer estas estafas de antemano en lugar de aprenderlas por las malas. Uno de sus amigos le habló de estafas relacionadas con el bloqueo de contratos y la manipulación de la liquidez, frecuentes en el mercado de las criptomonedas, especialmente en proyectos de finanzas descentralizadas (DeFi) y tokens. En estas estafas, los desarrolladores pueden prometer altos rendimientos o características innovadoras para atraer a los inversores, sólo para desaparecer con los fondos de los inversores o manipular los fondos de liquidez para inflar artificialmente los precios de los tokens. Los bloqueos de contratos, que restringen el acceso a funciones o fondos de contratos inteligentes, pueden utilizarse para crear una falsa sensación de seguridad entre los inversores. Al mismo tiempo, una liquidez insuficiente puede dificultar que los inversores vendan sus tokens a precios de mercado justos.

Los mayores esquemas de estafa criptográfica en DeFi incluyen el rug pull y el honeypot. El rug pull es lo mismo que su nombre indica. Los inversores o desarrolladores con importantes participaciones en el suministro de tokens desempeñan un papel importante en la promoción de la moneda y la creación de expectación. Podrían aumentar artificialmente el valor de su inversión y luego hacer que disminuya masivamente. La única forma de minimizar el peligro de que te tomen el pelo es tener en cuenta la liquidez, la proporción de los principales poseedores y la existencia de la función de acuñación.

Un esquema aún más peligroso es un honeypot, en el que los estafadores engañan a los inversores para que inviertan algunos fondos en un token aparentemente genial y bloqueen su ETH o BNB utilizando un contrato inteligente. Para protegerse de esta estafa, primero hay que analizar o encontrar una auditoría independiente del código del contrato inteligente para garantizar el juego limpio y luego estimular la transacción en DEX.

"Los contratos inteligentes son acuerdos autoejecutables que se almacenan en una blockchain. Se utilizan para automatizar varios procesos y transacciones y se utilizan en muchas aplicaciones de blockchain, como finanzas descentralizadas (DeFi), tokens no fungibles (NFT) y más."

Examinar la auditoría de contratos inteligentes de un token es una forma eficaz de mitigar un honeypot y otros riesgos. Una auditoría de contrato inteligente implica un análisis detallado del código del contrato para determinar su autenticidad. Cuanto más aprendía Roger sobre las diferentes técnicas de estafa, más se daba cuenta de la importancia de la diligencia debida, el escepticismo y la gestión de riesgos a la hora de invertir en proyectos de criptomoneda.

El comienzo de 2024 fue testigo de un momento decisivo para la inversión en criptodivisas con la tan esperada aprobación por parte de la SEC de varios ETF de Bitcoin al contado. Como ya predijeron los expertos, la decisión abrió la puerta a que los inversores convencionales se expusieran al Bitcoin a través de una vía conocida: los fondos negociables en cuentas de corretaje. Este movimiento simplificó la inversión en criptomonedas y la hizo potencialmente más segura al eliminar la necesidad de interactuar con las bolsas de criptomonedas, que pueden ser propensas a riesgos de seguridad. Roger sabía que los ETF de Bitcoin podían cambiar las reglas del juego de las criptomonedas. Sus expectativas resultaron ser ciertas cuando el lanzamiento de los ETF de Bitcoin se convirtió en un éxito rotundo. Los volúmenes de negociación se dispararon, reflejando un aumento del interés de los inversores. Estos ETF ofrecen ventajas significativas frente a la compra directa de Bitcoin en una bolsa, como una mayor comodidad, seguridad y accesibilidad.

Roger descubrió que, una vez superado el obstáculo del ETF de Bitcoin, la atención de los inversores se ha desplazado hacia los ETF de Ethereum. Ethereum, la segunda mayor criptomoneda, es la base de una popular plataforma blockchain para aplicaciones descentralizadas (dApps). La SEC está examinando actualmente varias solicitudes de ETF de Ethereum. Aunque se espera ampliamente su aprobación, podría no ser un camino de rosas. La SEC podría adoptar un enfoque más cauteloso debido a las diferencias subyacentes en el funcionamiento de la red de Ethereum en comparación con la de Bitcoin. Sin embargo, los expertos anticipan que un desafío legal similar al que allanó el camino para los ETF de Bitcoin podría conducir en última instancia a una aprobación más amplia de la SEC para los ETF de Ethereum, lo que podría ser una manera fácil de diversificar sus inversiones en criptoactivos.

***

Como cualquier otro principiante, Roger consideró inicialmente que el mercado de valores era la única opción de inversión disponible. Sin embargo, a medida que profundizaba, se dio cuenta de que cuando se trata de oportunidades de inversión en diversos activos digitales y reales, las posibilidades son muy diversas y van más allá de los mercados bursátiles tradicionales. Incluyen inversiones inmobiliarias, metales preciosos como el oro y la plata, pagarés y préstamos privados, criptomonedas e incluso obras de arte. Cada oportunidad de inversión implica diferentes estrategias de inversión que los inversores suelen emplear para maximizar sus beneficios. Las inversiones inmobiliarias se consideran una de las menos arriesgadas debido a su valor estable. Del mismo modo, la gente prefiere comprar metales preciosos como el oro, la plata y el platino, ya que pueden almacenarse durante un período prolongado y son un buen depósito de valor. La inversión en obras de arte era algo nuevo para él.

Tras muchas pruebas y errores, Roger se dio cuenta de que invertir en arte podía ser una inversión fiable y a largo plazo porque es capaz de mantener su valor a lo largo del tiempo. El rendimiento de una inversión en arte suele considerarse similar al de una renta fija que podría rivalizar con los bonos. A diferencia de las acciones u otras inversiones, el arte no tiende a subir o bajar de valor en función de las fluctuaciones del mercado. Prueba de este movimiento fue la pandemia de 2020, durante la recesión económica. Durante ese tiempo, la lenta actividad económica provocó importantes fluctuaciones en otros mercados, mientras que el mercado del arte mantuvo su estabilidad. Una de las principales razones de esta tendencia del valor es que el valor del arte con grado de inversión es independiente de la mayoría de los acontecimientos externos y, por lo tanto, tiene tendencia a aumentar de forma constante con el paso de los años. Sin embargo, también descubrió la otra cara de la moneda, revelando que, aunque el arte es una inversión fiable, se sitúa en la clase de activos a largo plazo. Esto significa que es un activo no líquido y no puede cambiarse rápidamente por dinero en efectivo. Liquidar arte implica un largo proceso de tasación, realización de una subasta y búsqueda del comprador adecuado. Por lo tanto, Roger lo consideró apropiado para diversificar su cartera y no su inversión principal. Sin embargo, lo que más le interesaba era descubrir el potencial de las inversiones en criptodivisas.

Las previsiones y proyecciones del mercado ofrecían perspectivas alentadoras. Descubrió que se prevé que el mercado mundial de criptodivisas crezca de 910,3 millones de dólares en 2021 a 1.902,5 millones de dólares en 2028, con una TCAC del 11,1% en el periodo de previsión 2021-2028. También se enteró de que los expertos consideran que las criptodivisas son diferentes de la locura de los tulipanes. El meteórico ascenso del Bitcoin y otras criptodivisas ha suscitado comparaciones con la infame manía de los tulipanes del siglo XVII. Sin embargo, a diferencia de los tulipanes, las criptomonedas están respaldadas por algo más sustancial: una poderosa combinación de criptografía, código y utilidad en el mundo real. Había oído hablar de la manía de los tulipanes de la década de 1630, que fue un periodo de extraordinaria especulación en los Países Bajos. Los precios de los bulbos de tulipán se dispararon, impulsados por una combinación de factores, entre ellos la rareza de los tulipanes, el estatus social que se les atribuía y la manía especulativa que finalmente desembocó en una dramática caída.

En la locura de los tulipanes, el valor de la bombilla se basaba exclusivamente en la percepción y las tendencias sociales. No había ninguna utilidad subyacente ni ningún caso de uso en el mundo real. Esto contrasta fuertemente con las criptomonedas. Las criptomonedas son activos digitales protegidos por criptografía. Funcionan en redes descentralizadas impulsadas por código, eliminando la necesidad de una autoridad central como un banco. Esto otorga a los usuarios un mayor control sobre sus finanzas. Lo que diferencia a las criptomonedas de los tulipanes es su utilidad, su tecnología subyacente y su oferta limitada. Las criptomonedas pueden utilizarse para diversos fines, como realizar pagos, almacenar valor y acceder a aplicaciones descentralizadas (dApp). Aprovechan la tecnología blockchain, un sistema de registro digital seguro y transparente que sustenta la confianza y la inmutabilidad. Muchas criptomonedas, como Bitcoin, tienen una oferta limitada, lo que evita la inflación y contribuye potencialmente al valor a largo plazo.

Una vez que Roger se enteró de las diversas oportunidades de inversión, buscó distintas formas de invertir en criptomonedas y otros activos digitales. Su investigación dio resultados valiosos, y preseleccionó algunas de las estrategias de inversión. Una de ellas era el day trading. El day trading consiste en comprar y vender activos financieros en el mismo día de negociación, con el objetivo de beneficiarse de las fluctuaciones de precios a corto plazo. Los operadores diarios ejecutan múltiples operaciones a lo largo del día, con el objetivo de sacar provecho de los pequeños movimientos de los precios. Suelen emplear técnicas de análisis técnico, como patrones gráficos, indicadores y análisis de volumen, para identificar oportunidades de negociación a corto plazo y tomar decisiones rápidas de compra y venta.

Una estrategia común empleada por los operadores diarios es el uso de órdenes stop loss iniciales y ascendentes para gestionar el riesgo y protegerse frente a posibles pérdidas. Al iniciar una operación, los operadores diarios suelen establecer una orden inicial de limitación de pérdidas a un nivel de precios predeterminado por debajo del punto de entrada. Esto sirve como red de seguridad para limitar las pérdidas potenciales en caso de que la operación se mueva en su contra. El nivel inicial de stop loss se determina en función de factores como la tolerancia al riesgo del operador, la volatilidad del activo negociado y los indicadores de análisis técnico.

Por otro lado, existe el stop loss ascendente. A medida que la operación se mueve a favor del operador y el precio del activo aumenta, algunos operadores diarios emplean una estrategia de stop loss ascendente para proteger sus beneficios. Con este enfoque, los operadores ajustan sus órdenes de stop loss al alza, siguiendo la subida del precio del activo. Esto les permite bloquear las ganancias y protegerse frente a posibles retrocesos o fluctuaciones del mercado. El nivel de stop loss ascendente suele fijarse en un porcentaje predeterminado o en una cantidad en dólares por debajo del precio de mercado actual, lo que garantiza la conservación de los beneficios al tiempo que deja margen para que el activo siga revalorizándose. El day trading requiere disciplina, gestión del riesgo y un profundo conocimiento de la dinámica del mercado. Los operadores deben estar atentos y responder a las condiciones del mercado, ya que las operaciones se ejecutan con rapidez y las posiciones suelen mantenerse durante poco tiempo.

Roger descubrió otras formas de invertir en criptodivisas para los inversores particulares, incluida la estrategia de comprar y mantener (HODLing Hold On for Dear Life), que es la estrategia de inversión más común y sencilla. En esta estrategia, los inversores compran criptomonedas con la intención de mantenerlas durante un periodo prolongado, normalmente años, en previsión de una revalorización del precio a largo plazo. Los inversores creen en el potencial de la criptodivisa que compran y la conservan a pesar de las fluctuaciones del mercado, con el objetivo de sacar provecho de las subidas significativas del precio a lo largo del tiempo.

Los inversores también pueden optar por el comercio de criptodivisas. El trading consiste en comprar y vender criptodivisas en plazos cortos, que van de minutos a días, para beneficiarse de la volatilidad de los precios. Los operadores diarios ejecutan múltiples operaciones en un solo día, mientras que los swing traders mantienen posiciones durante varios días o semanas. Los operadores utilizan el análisis técnico, los patrones gráficos, los indicadores y las tendencias del mercado para tomar decisiones informadas e intentar generar beneficios a partir de los movimientos de precios a corto plazo. Otro método popular es la minería, que es similar a excavar en busca de oro digital. La minería consiste en validar y procesar transacciones en una red blockchain utilizando hardware y software informático especializado. Los mineros son recompensados con fichas de criptomoneda recién acuñadas, así como con comisiones de transacción por sus esfuerzos para mantener la seguridad y la integridad de la red. Aunque en el pasado la minería era rentable para los mineros individuales que utilizaban hardware de consumo, cada vez es más competitiva y exige más recursos. Para una mayor rentabilidad, se recomiendan inversiones significativas en equipos de minería especializados, como los ASIC, y el acceso a electricidad barata.

Por último, los inversores también pueden invertir utilizando la estaca, que implica participar activamente en el funcionamiento de una red blockchain de prueba de estaca (PoS) bloqueando una cierta cantidad de criptomoneda como garantía para validar las transacciones y asegurar la red. Consiste en bloquear tokens digitales en una red blockchain para obtener recompensas, normalmente un porcentaje de los tokens apostados. Los participantes reciben recompensas a cambio de apostar sus monedas, normalmente en forma de fichas de criptomoneda adicionales. El staking ofrece a los inversores una forma alternativa de obtener ingresos pasivos de sus tenencias de criptomonedas, al tiempo que contribuye a la seguridad y descentralización de las redes blockchain.

Después de conocer varias oportunidades de inversión en el ecosistema de las criptomonedas y más allá, Roger se dio cuenta de que había algunas consideraciones clave a las que siempre había que atenerse para garantizar la seguridad y viabilidad de las inversiones. La primera es que la volatilidad es clave. Tanto Bitcoin como Ethereum son conocidos por sus fluctuaciones de precios. Esta volatilidad inherente se traduce en riesgo, y los ETF no eliminan ese riesgo. Lo segundo más importante para cualquier inversor es hacer su propia investigación. Al igual que con cualquier inversión, la investigación exhaustiva es crucial antes de sumergirse en cualquier oportunidad de inversión en el mundo cryptocurrency y más allá. Hay que entender el activo subyacente, la estructura de inversión específica y las comisiones asociadas. Por último, hay que invertir con prudencia. Los ETF de criptomoneda y otras inversiones son una nueva frontera, y los inversores deben evaluar cuidadosamente su tolerancia al riesgo y sus objetivos generales de inversión antes de asignarles cualquier parte de su cartera.

Capítulo 8: La minería de bloques y su impacto en el medio ambiente

Desde que Roger exploró las oportunidades de inversión en el sector de las criptomonedas, le intrigó la idea de la minería. Sabía que la minería implica resolver complejos algoritmos matemáticos o rompecabezas para validar y añadir transacciones a la cadena de bloques. Este proceso es crucial para la seguridad y el buen funcionamiento de las redes blockchain. Se trata esencialmente de una competición criptográfica para añadir bloques o registros a la red blockchain de criptomonedas, en constante expansión. A pesar de la importancia de este proceso, su impacto y los riesgos medioambientales asociados lo convierten en un fenómeno controvertido. Todo se remonta al mecanismo para alcanzar un consenso global descentralizado en una blockchain válida llamado algoritmo proof-of-work. Se trata de un algoritmo de consenso que rige el proceso de aprobación y verificación de transacciones en la red blockchain. La función hash criptográfica utilizada en la minería de Bitcoin es SHA-256, que significa Secure Hash Algorithm 256-bit. "Es una función hash criptográfica sin clave que toma una entrada de longitud variable y produce una salida hash de 256 bits de longitud". Toma una entrada y produce una cadena de bytes de tamaño fijo, lo que hace casi imposible aplicar ingeniería inversa a los datos originales. En la red Bitcoin, los mineros compiten para verificar y añadir nuevas transacciones a la cadena de bloques.

Para ello, deben resolver un complejo puzzle matemático utilizando SHA-256. Este rompecabezas se conoce como algoritmo Proof-of-Work (PoW).

Cuando los mineros confirman bloques con transacciones, reciben recompensas por su respectivo trabajo. Cada pool de minería tiene una potencia de minería diferente que afecta a la probabilidad de encontrar bloques con transacciones. Estas probabilidades son proporcionales a la potencia de hashing de cada pool minero.

"Hashing" es el proceso de generar un valor a partir de un texto o una lista de números utilizando una función matemática conocida como función hash. Una función hash es una función que convierte una clave numérica o alfanumérica dada en un pequeño valor entero práctico. El valor entero mapeado se utiliza como índice en la tabla hash".

Desde su creación en 2009, la red Bitcoin ha sufrido diversas revisiones por parte de varios programadores. Esto ha aumentado el número y la potencia necesaria para las máquinas que ejecutan el algoritmo de prueba de trabajo (minería), que proporciona seguridad y resistencia a Bitcoin. Como resultado, su potencia de cálculo combinada también aumentó exponencialmente, superando el número combinado de operaciones de cálculo de los principales superordenadores del mundo. Los mineros utilizan hardware y software especializado para realizar estos cálculos y, a cambio, son recompensados con fichas de criptomoneda como Bitcoin, Litecoin y otras. El mecanismo autorregulado de Bitcoin, el ajuste de dificultad, también desempeña un papel importante a la hora de garantizar la seguridad de la red. El tiempo de generación de bloques en la cadena de bloques de Bitcoin es de diez minutos por bloque. Esta velocidad es crucial para mantener bajo control la tasa inflacionaria y garantizar que la cantidad de Bitcoins minados y en circulación permanezca bajo control. Si esta velocidad disminuye por alguna razón, podría dar lugar a un minado superior al habitual, aumentando el número de bitcoins en circulación. El fenómeno de ajuste de dificultad mantiene esta velocidad de minado, asegurando que la naturaleza deflacionaria de Bitcoin persiste, ajustándose cada dos semanas.

A medida que Bitcoin evolucionó a lo largo de los años, también lo hicieron la red blockchain y el hardware de minería informática. Como resultado, los métodos de minería también evolucionaron. El ecosistema de la criptomoneda fue testigo de la transición de la CPU (Unidad Central de Procesamiento) a la minería GPU (Unidad de Procesamiento Gráfico) y FPGAs (Field Programmable Gate Array), y finalmente, a la minería ASIC (Circuito Integrado de Aplicación Específica).

Inicialmente, todo lo que se necesitaba para la minería de Bitcoin era una simple CPU, y uno podía convertirse en minero. Durante esa época, era posible minar 50 BTC por bloque con una CPU estándar de las que se suelen tener en casa. Los mineros utilizaban la CPU de un ordenador estándar para realizar los cálculos matemáticos necesarios para verificar las transacciones en una red blockchain.

Dado que las CPU se diseñaron para realizar una amplia gama de tareas, eran versátiles pero menos eficientes para minar criptomonedas. Además, debido a su naturaleza de uso general, tenían una tasa de hash relativamente baja y no podían realizar tantos cálculos por segundo como el hardware de minería especializado. Con el tiempo, quedaron obsoletos para Bitcoin. A medida que aumentaban los ajustes de dificultad computacional para minar bitcoins, las CPU estándar utilizadas anteriormente se consideraron insuficientes para la minería. En su lugar, se necesitaba un dispositivo de procesamiento más robusto y eficiente. Esto dio lugar a la minería GPU y a un rápido aumento de los costes y la demanda de hardware GPU.

Como su nombre indica, la minería GPU implica el uso de una o más tarjetas GPU para facilitar la minería de criptomonedas. Las GPU son hardware especializado diseñado para renderizar gráficos; también son adecuadas para realizar los cálculos matemáticos necesarios para minar criptomonedas. Su capacidad para manejar el procesamiento paralelo les permitió realizar muchos cálculos simultáneamente, haciéndolas mucho más eficientes que las CPU para la minería. Ofrecían una mayor velocidad de procesamiento de hash y normalmente se reservaban para minar altcoins. A la hora de resolver problemas complejos, las GPU demostraron ser más eficientes y capaces que las CPU. Dada su eficiencia, sustituyeron a las CPU y se convirtieron en el hardware de referencia para el minado de criptomonedas. Aunque consumían más energía que las CPU estándar, seguían ofreciendo resultados que merecían la pena por su eficiente capacidad de procesamiento. Sin embargo, con el tiempo, la necesidad de eficiencia computacional aumentó y se hizo necesaria una nueva solución.

En los años siguientes se produjo un aumento de los FPGAs de Bitcoin y después de los ASICs entre los mineros serios. Los mineros ASIC son mineros especializados en Bitcoin que facilitan a las grandes granjas mineras de Bitcoin procesar transacciones y bloques de una manera muy eficiente. Solucionaron las ineficiencias existentes en el minado por GPU y, con el tiempo, se convirtieron en el nuevo estándar para el minado de bitcoin. Los ASIC SHA-256 son hardware especializado diseñado específicamente para minar criptomonedas como Bitcoin. Son mucho más potentes y eficientes que las CPUs y GPUs para el minado. Además de su eficiencia computacional, los ASICs también son más eficientes energéticamente, consumiendo menos energía por hash en comparación con otro hardware de minería.

La eficiencia de los mineros ASIC proviene del hecho de que están específicamente diseñados para la minería de Bitcoin, a diferencia de las CPUs y GPUs, que no fueron construidas principalmente para este propósito. Dado que los ASICs están diseñados únicamente para el minado, pueden ser menos versátiles que las CPUs y GPUs pero mucho más eficientes para su propósito.

Aunque demostraron ser mejores que sus predecesores en términos de potencia de hashing y eficiencia energética, seguían consumiendo cantidades significativas de energía, lo que hizo que los mineros empezaran a centrarse en crear granjas mineras más eficientes que dependieran de energías limpias y renovables. El objetivo es abaratar las operaciones y aumentar su eficiencia. Los mineros ASIC demostraron ser un gran avance en el campo de la minería de criptomonedas, influyendo en la innovación en este campo para garantizar la seguridad de la red y la seguridad medioambiental.

En su viaje de exploración, Roger también aprendió sobre el concepto de minería fusionada. Descubrió que "la minería fusionada se refiere al acto de minar dos o más criptomonedas al mismo tiempo, sin sacrificar el rendimiento general de la minería". "Este método permite a los mineros utilizar su potencia de cálculo para minar bloques en varias cadenas al mismo tiempo utilizando la Prueba de Trabajo Auxiliar (AuxPoW). Como resultado, un minero puede minar dos o más blockchains al mismo tiempo resolviendo los puzles criptográficos de ambas redes. Intrigado por conocer más detalles sobre este innovador concepto, Roger profundizó en los detalles para saber cómo funciona. Descubrió que la minería combinada aprovecha los mismos recursos informáticos para proteger varias cadenas de bloques, lo que permite a los mineros contribuir a la seguridad de redes más pequeñas o nuevas sin sacrificar sus actividades mineras principales.

En la minería combinada, la cadena de bloques principal se denomina cadena principal, mientras que las cadenas de bloques adicionales que se minan se denominan cadenas auxiliares. Los bloques de la cadena principal contienen información sobre la cadena auxiliar, lo que permite validar ambas simultáneamente. La cadena principal proporciona la prueba de trabajo, y la cadena auxiliar la valida.

El modo de funcionamiento reveló las ventajas que ofrece la minería fusionada. Una de ellas es el aumento de la seguridad, que reduce el riesgo de un ataque del 51%. "Se trata de un ataque a una blockchain por parte de un grupo de mineros que controlan más del 50% del hash rate de minado de una red". La minería fusionada puede mejorar la seguridad de las cadenas auxiliares aprovechando la potencia de hash de redes más grandes. Esto hace que sea más difícil para los actores maliciosos lanzar ataques del 51% en blockchains más pequeñas.

La minería fusionada permite a los mineros maximizar sus recursos computacionales minando varias criptomonedas simultáneamente. Esto puede dar lugar a mayores beneficios para los mineros sin necesidad de hardware adicional. También ayuda a distribuir la potencia de hash de forma más uniforme entre las diferentes redes. (rootstock.io ofrece minería fusionada y el lanzamiento de contratos inteligentes en la blockchain de Bitcoin) A medida que la minería de criptodivisas fue ganando adeptos entre los particulares, muchos mineros individuales probaron suerte en la minería de criptodivisas. El desarrollo de la minería de criptomonedas llevó a la minería en solitario y a los pools de minería. El interés de Roger creció en la minería, y comenzó a explorar más sobre ella. Descubrió que un minero principiante puede empezar a minar solo o en grupo. La minería en solitario es el tipo de minería de criptomonedas en la que el minero intenta generar nuevos bloques por su cuenta, con los ingresos de la recompensa por bloque y las tasas de transacción destinados íntegramente a sí mismo, lo que le permite recibir un gran pago con una mayor varianza (mayor tiempo entre pagos).

La minería en solitario implica que un minero individual gestiona y ejecuta de forma independiente las operaciones de minería. Esto significa que no depende de terceros para ninguna de las operaciones. En lugar de depender de terceros, aprovechan la conexión con los ordenadores de los clientes de las criptocarteras nativas para descubrir carteras y obtener recompensas.

Por otro lado, la minería en pool es un tipo de minería en la que un grupo de mineros pone en común sus recursos para encontrar bloques más a menudo de forma colectiva. Los pools de minería combinan la potencia de cálculo de los dispositivos de minería conectados.

Cuando un pool consigue minar un bloque, las recompensas se distribuyen entre los participantes en función de su contribución a la tasa de hash del pool. En un pool de minería, el coordinador distribuye las tareas de minería entre los mineros, que trabajan para resolverlas utilizando su potencia de cálculo. Cuando un minero del pool consigue minar un bloque, éste se verifica y se añade a la cadena de bloques. La recompensa se distribuye entre los participantes, de forma proporcional a la cantidad de hash power aportada por cada uno de ellos. De esta forma, los mineros reciben pagos más pequeños pero con una menor varianza temporal. El tiempo transcurrido entre los pagos es menor que el de la minería en solitario. La coordinación entre pools de minería implica a cientos o miles de mineros que utilizan protocolos especializados de minería en pool.

Los mineros individuales configuran sus equipos de minería para conectarse a un servidor de pool tras crear una cuenta en el pool. Su hardware de minería permanece conectado al servidor del pool mientras minan, sincronizando sus esfuerzos con los de los demás mineros. Así, los mineros del pool comparten el esfuerzo de minar un bloque y comparten las recompensas. "El servidor del pool realizará pagos periódicos a las direcciones Bitcoin de los mineros una vez que su parte de las recompensas haya alcanzado un determinado umbral. Normalmente, el servidor de pool cobra un porcentaje de las recompensas por proporcionar el servicio de pool de minado".

Más tarde, los pools mineros adoptaron una forma más organizada al surgir las granjas mineras. "Una granja minera es un pool minero con mineros que se alojan en una única ubicación y edificio". El auge de las granjas mineras ha transformado el panorama de la minería de criptodivisas, planteando tanto oportunidades como desafíos para el ecosistema. Las granjas mineras suelen estar equipadas con hardware e infraestructura especializados que pueden lograr economías de escala que los mineros individuales no pueden igualar, lo que les permite minar criptomonedas de forma más eficiente y rentable. Además, suelen estar gestionadas por profesionales con amplia experiencia en operaciones mineras, lo que garantiza un rendimiento y una rentabilidad óptimos. Otra ventaja que tienen sobre los mineros individuales es la diversificación añadida, ya que las granjas mineras suelen participar en la minería de varias criptomonedas simultáneamente, aprovechando carteras diversificadas para mitigar los riesgos y maximizar los beneficios.

Sin embargo, también tienen sus desventajas. Aunque las granjas mineras ofrecen economías de escala, gestión profesional y cumplimiento de la normativa, también suscitan preocupación por la centralización, la manipulación del mercado y el estancamiento de la innovación. Roger pensó que, a medida que el ecosistema de las criptomonedas siga evolucionando, encontrar un equilibrio entre las granjas mineras y los mineros individuales será crucial para garantizar su éxito y sostenibilidad a largo plazo.

* * *

Un día, mientras veía un popular programa de televisión, Roger encontró una referencia a Bitcoin. Recordó la época en que la gente apenas conocía su nombre y se mostraba escéptica sobre su valor y su futuro. En cuestión de pocos años, se había convertido en una parte inevitable de la economía moderna y del sistema financiero. Sin embargo, la creciente popularidad también supuso la aceleración de los esfuerzos de regulación por parte de las autoridades. Tras hablar con algunas personas de su entorno, Roger se dio cuenta de que la gente considera la minería de criptodivisas como una forma fácil de ganar dinero rápido. Sin embargo, con el desarrollo de los otros aspectos del mercado, un aspecto crucial que también se desarrolló fueron los aspectos financieros y regulatorios. Las recompensas de la minería de criptodivisas no pertenecen exclusivamente a los mineros, sino que se gravan igual que los ingresos normales. Se gravan como ingresos en el momento de recibirlos. Roger se dio cuenta de que la minería de criptomoneda no sólo consiste en resolver complejos problemas matemáticos o invertir en hardware de alto rendimiento; también tiene implicaciones fiscales que los mineros deben tener en cuenta. Como ocurre con cualquier otra forma de ingresos, otras autoridades fiscales pueden exigir a los mineros que declaren sus ganancias y paguen los impuestos correspondientes.

La recompensa de minería que un minero obtiene como resultado de la verificación satisfactoria de una transacción y la adición de un nuevo bloque a la cadena de bloques se considera un ingreso imponible. Al deshacerse de las recompensas de minería, el minero obtiene una pérdida o ganancia de capital dependiendo de las condiciones actuales del mercado. Incluso las recompensas de los pools de minería son ingresos imponibles. Es posible que los mineros tengan que declarar su parte de los ingresos mineros del pool que el operador del pool les proporcione. Los impuestos no son lo único que los mineros deben tener en cuenta antes de entrar en el mercado de la minería de criptomonedas. Incluso las recompensas de los pools de minería son ingresos imponibles. Los impuestos no son lo único que los mineros deben tener en cuenta antes de entrar en el mercado de la minería de criptomonedas. A pesar de la enorme popularidad de la minería de criptodivisas entre particulares y empresas por igual, el camino de su desarrollo no estuvo libre de obstáculos.

Durante su viaje para explorar la minería de criptomonedas, una cosa que llamó la atención de Roger, y que creía que muchos otros mineros habían pasado por alto, fue el importante impacto medioambiental de la minería. El proceso de minería tiene dos propósitos en Bitcoin: crear nuevos bitcoins en cada bloque e incentivar a los mineros para que incluyan transacciones válidas en sus bloques. Un minero exitoso recibirá una recompensa en forma de nuevos bitcoins y comisiones por transacción. Sin embargo, la recompensa sólo se cobrará si el minero ha incluido únicamente transacciones válidas, siendo las reglas de consenso del protocolo Bitcoin las que determinan qué es válido. Este delicado equilibrio proporciona seguridad a Bitcoin sin una autoridad central. Aunque la minería consigue un delicado equilibrio entre coste y recompensa, utiliza electricidad para resolver problemas computacionales, lo que tiene su impacto medioambiental. Cuanto más avanzaba el hardware de minería, mayor era el impacto potencial de la minería en el medio ambiente y el agotamiento de los recursos. Roger se topó incluso con un estudio que revelaba que la minería de criptomonedas genera anualmente casi la misma cantidad de CO_2 que la emitida por un país del tamaño de Grecia.

Uno de los países que mostró una postura firme contra la minería de criptomonedas fue China. El gobierno chino expresó su preocupación por el impacto medioambiental y la naturaleza especulativa de la minería de criptomonedas, lo que condujo a la represión de las operaciones mineras en el país. La prohibición de la minería por parte de China ha causado una importante perturbación en el panorama minero mundial, provocando una caída en la tasa de hash de la red y afectando a los precios de las criptomonedas. Sin embargo, el impacto no duró mucho.

Lo que sorprendió a Roger fue que, incluso después de la prohibición de la minería de criptomonedas en China, su popularidad no disminuyó, sino que aumentó. No sólo China, sino otros ocho países, entre ellos Qatar, Omán, Marruecos, Irak, Egipto, Túnez y Argelia, también han prohibido la minería de criptomonedas. El impacto no fue otro que el aumento de la popularidad de la minería de criptomonedas en Estados Unidos, ya que la mayoría de los mineros que escaparon de China se fueron a Estados Unidos para encontrar mejores oportunidades para la minería de criptomonedas y fuentes de energía baratas para alimentar sus actividades mineras. Muchos mineros chinos trasladaron sus operaciones a otros países con normativas y condiciones más favorables, lo que provocó una redistribución del poder minero.

En el momento en que China prohibió la minería de criptomonedas, había estado funcionando como uno de los mayores mercados de criptomonedas, dominando el ecosistema global de criptomonedas. Como resultado de la prohibición, EE.UU. experimentó un aumento del interés por la minería de criptomonedas, y muchos inversores y empresas establecieron granjas mineras en todo el país. Aprovechando esta oportunidad, EE.UU. tomó medidas para el crecimiento de la minería de criptomonedas en el país. A diferencia de China, EE.UU. mostró una postura más favorable a la minería de criptomonedas, proporcionando claridad normativa e incentivos a los mineros. El cambio de China a EE.UU. y otros países contribuyó a la descentralización del poder minero, reduciendo el riesgo de que un solo país o entidad controlara una parte significativa de la tasa de hash de la red. También creó nuevas oportunidades económicas, como la creación de empleo y la inversión en las comunidades locales de Estados Unidos.

Reflexionando sobre la historia y la evolución de la minería de Bitcoin, Roger se dio cuenta de que la minería de Bitcoin crecía cada año junto con el crecimiento de la criptodivisa y de Bitcoin en general. A medida que ha aumentado la popularidad de las criptomonedas, también lo ha hecho el escrutinio en torno a su impacto medioambiental, especialmente en lo que se refiere al consumo de energía. Dado que los métodos tradicionales de minería requieren grandes cantidades de potencia de cálculo, la huella ecológica de las criptomonedas como Bitcoin se ha sometido a un escrutinio cada vez mayor.

Los mineros se dieron cuenta de que el consenso de prueba de trabajo exige una gran potencia de cálculo, lo que conlleva un elevado consumo de energía. A medida que crece la adopción de criptomonedas, también lo hace su consumo colectivo de energía, lo que suscita preocupación por la sostenibilidad y el cambio climático. El alto consumo energético de la minería genera una importante huella de carbono que contribuye a las emisiones de gases de efecto invernadero y al calentamiento global. Además, la rápida renovación de los equipos de minería genera residuos electrónicos, ya que las máquinas obsoletas o ineficaces se desechan, lo que agrava aún más la preocupación por el medio ambiente.

El consumo de energía y las preocupaciones medioambientales que suscita la minería de criptomonedas arrastraron la atención de mineros y reguladores hacia su comparación con los sistemas bancarios y financieros tradicionales. Al comparar la banca tradicional y el oro con la criptodivisa, se sorprendió al descubrir cuál de ellos tenía el mayor consumo de energía. La naturaleza descentralizada de las redes blockchain significa que múltiples nodos de todo el mundo consumen energía para mantener la red. El aumento del consumo total de energía repercute en el medio ambiente y en las redes eléctricas. Aunque la banca tradicional no requiere el mismo nivel de consumo de energía que la minería de criptomonedas, sigue teniendo demandas energéticas sustanciales. Esto incluye la alimentación de las sucursales bancarias, los centros de datos y los cajeros automáticos, así como la energía consumida en la impresión y el transporte de la moneda física. Sin embargo, la huella de carbono de la minería de criptomonedas ha sido ampliamente criticada, principalmente debido a la dependencia de los combustibles fósiles en muchas operaciones mineras. Además, los residuos electrónicos generados por el hardware minero obsoleto contribuyen a la degradación medioambiental.

A pesar de las alarmantes cifras de consumo energético de la minería de criptomonedas, el consumo sigue siendo mucho más económico y eficiente que el sistema bancario tradicional, que utiliza alrededor de 4.981 TWh frente a los 120 TWh de Bitcoin. Las cifras son casi 50 veces superiores cuando se trata del sistema bancario tradicional.

Incluso la minería de oro resulta ser más intensiva en energía que Bitcoin, ya que se sitúa en torno a 131 TWh, lo que supone alrededor de un 10% más que Bitcoin. Además, las monedas fiduciarias parecen tener menos impacto en el medio ambiente, ya que pueden utilizarse varias veces después de su creación.

Aunque el impacto medioambiental de Bitcoin es menor que el de sus homólogos, sigue siendo inaceptable, y mineros y desarrolladores trabajan continuamente para encontrar una solución más eficiente energéticamente y rentable. En este sentido, distintos grupos de personas y países han realizado diferentes esfuerzos. Por ejemplo, la mayor empresa de producción de energía de Japón expresó su idea de convertir cada unidad de su electricidad no utilizada en criptomoneda. Esto implica el concepto de poner en uso la corriente alterna.

Sin embargo, también tiene un inconveniente: la corriente alterna generada en la central eléctrica se suministra a través de cables y transformadores a cada usuario. Sin embargo, esto no garantiza el ajuste correcto de la producción a la demanda real. Debido a ello, a menudo se desperdicia una cantidad significativa de energía. Los mineros de Bitcoin pueden marcar la diferencia utilizando el excedente de energía para alimentar su actividad minera y reducir el despilfarro.

Cuando estudió las distintas fuentes de energía utilizadas por los mineros de Bitcoin, descubrió que la principal fuente de energía para la minería de Bitcoin es la hidroeléctrica. Sin embargo, teniendo en cuenta la situación de la minería de criptomonedas, varios mineros han recurrido a fuentes de energía alternativas. Por ejemplo, se enteró de que una empresa de Pensilvania utiliza residuos de carbón para alimentar la minería de Bitcoin. Se dieron cuenta de los peligros medioambientales que suponían los montones de residuos de carbón de su zona. Decidieron darles un mejor uso convirtiendo el carbón residual en electricidad en centrales eléctricas especializadas y utilizándolo para minar criptomonedas.

Además, las antiguas centrales eléctricas de combustibles fósiles que se cerraron en favor de las energías renovables cobraron una segunda vida cuando los mineros de Bitcoin empezaron a utilizarlas. Se produjo un cambio hacia alternativas energéticamente eficientes y nuevos desarrollos en el ecosistema de las criptomonedas. Por ejemplo, se introdujo el mecanismo Proof of Stake como alternativa al mecanismo PoW.

PoS es una alternativa más eficiente energéticamente que PoW, ya que requiere mucha menos potencia de cálculo y, por tanto, consume menos energía. Esto condujo a un cambio de la minería de criptomonedas a la estaca. Mientras que la minería valida las transacciones utilizando potentes ordenadores y consumiendo una cantidad significativa de energía, el staking adopta un enfoque más eficiente desde el punto de vista energético. Consiste en validar transacciones reteniendo tokens y, en última instancia, consumiendo menos energía que la minería. El cambio de la minería tradicional a la estaca surgió como una alternativa más eficiente energéticamente y sostenible para mantener las redes de blockchain.

Roger observó dos de los ejemplos más notables de transición: Ethereum (ETH) y Polygon (MATIC). Estas criptomonedas pasaron de la minería proof-of-work (PoW) a mecanismos de consenso proof-of-stake (PoS). A diferencia de PoW, en el que los mineros compiten para resolver complejos rompecabezas matemáticos para validar transacciones y añadir nuevos bloques a la cadena de bloques, PoS se basa en validadores que bloquean una cierta cantidad de su criptomoneda como "participación" para participar en el proceso de consenso. Los validadores son elegidos para crear nuevos bloques en función de su participación y de la antigüedad de sus tenencias, y no de su capacidad de cálculo.

Como parte de estos esfuerzos, Roger fue testigo de una transición de la estaca a la agricultura de rendimiento, una estrategia de inversión volátil y de alto riesgo en la que un inversor estaca, o presta, criptoactivos en una plataforma financiera descentralizada (DeFi) para obtener un mayor rendimiento. Aunque los tres métodos facilitan la inversión en criptomoneda, la preferencia entre ellos depende de factores individuales como los conocimientos técnicos, los costes iniciales y las preocupaciones medioambientales. Ethereum, la segunda mayor criptomoneda por capitalización bursátil, está experimentando una importante actualización conocida como Ethereum 2.0, que incluye una transición de PoW a PoS. La Beacon Chain, la primera fase de Ethereum 2.0, se lanzó en diciembre de 2020, marcando el comienzo de la transición a una red más escalable y sostenible. La transición a Ethereum 2.0 tiene como objetivo abordar los problemas de escalabilidad, reducir el consumo de energía y disminuir las comisiones por transacción.

Al aprovechar PoS, Ethereum 2.0 pretende lograr una mayor eficiencia de la red y sostenibilidad medioambiental, manteniendo al mismo tiempo la descentralización y la seguridad. Polygon, conocido inicialmente como Matic Network, se diseñó con un mecanismo de consenso PoS desde sus inicios. Esta arquitectura permite a Polygon ofrecer transacciones rápidas y de bajo coste, lo que la convierte en una plataforma atractiva para aplicaciones descentralizadas (dApps) y proyectos DeFi. El mecanismo de consenso PoS de Polygon contribuye a su eficiencia y escalabilidad, facilitando el desarrollo de soluciones innovadoras en diversos sectores. Afortunadamente, la transición a monedas estacadas como ETH y Polygon tiene el potencial de reducir significativamente el impacto medioambiental asociado a la minería de criptodivisas. Al eliminar la necesidad de plataformas mineras de alto consumo energético, la estaca contribuye a un ecosistema blockchain más sostenible. La estaca ofrece a los tenedores de criptomonedas una oportunidad de inversión alternativa, ofreciendo rendimientos potenciales a través de recompensas de estaca. Este incentivo financiero fomenta la participación en la validación de la red y contribuye a la seguridad general y a la descentralización de la cadena de bloques.

Volviendo la vista atrás, Roger sabía que antes la minería de criptomonedas era un negocio lucrativo, sin lugar a dudas. Sin embargo, teniendo en cuenta el cambio masivo en el mercado y la industria en general, tuvo que considerarlo con un poco más de preocupación para decidir si la minería de criptomoneda sería rentable en el último año. Decidió recabar la opinión de un experto al respecto y consultó a un minero experto en la materia para analizar el potencial de la minería de criptomonedas en 2024.

"Hoy en día, la rentabilidad de la minería de criptomonedas depende del tipo de criptomoneda que elijas minar. Aunque Bitcoin sigue siendo una de las criptomonedas más rentables, su dificultad ha aumentado significativamente en los últimos años. Por lo tanto, puede que no sea tan viable para mineros individuales como lo es para mineros de pool.

Te sugiero que busques otras criptomonedas como Ethereum, Litecoin, Monero, Bitcoin Cash y Zcash. Dado que tienen un algoritmo diferente al de Bitcoin, son comparativamente más fáciles de minar. También tienen potencial de crecimiento futuro, por lo que son ideales para principiantes. Sin embargo, ten en cuenta que la rentabilidad de minar estas monedas depende de su dificultad de minado, los costes de hardware y energía, y el valor de mercado."

También compartió algunas estrategias y consejos de minería que pueden ayudar a maximizar los beneficios de los mineros. Aconsejó a Roger que utilizara el hardware de minería adecuado, como GPU y ASIC, ya que influye en la experiencia minera general y en los beneficios. El uso de fuentes de energía renovables también es crucial para reducir los costes y aumentar los beneficios.

"La mejor estrategia es considerar la minería en pool, ya que te permite combinar tus recursos mineros con los de otros mineros y aprovecharlos para maximizar tu potencial minero con recompensas más frecuentes pero reducidas".

Roger descubrió que una práctica reciente que está ganando adeptos entre los mineros modernos es la minería en la nube, que consiste en alquilar hardware de minería a un proveedor de servicios basado en la nube y utilizarlo para minar diferentes criptomonedas. A pesar de ser más cara, esta opción tiende a ser más rentable. La investigación de Roger le reveló que, a pesar de la transformación masiva del panorama de la minería de criptomonedas, todavía hay oportunidades si uno descubre el enfoque correcto e invierte tiempo en mantenerse al día de las tendencias del mercado. Antes de entrar en la cada vez más competitiva industria de la minería de criptomonedas, una persona debe tener en cuenta factores como el acceso a electricidad barata, el hardware de minería, las opciones de minería, los riesgos asociados y el análisis coste-beneficio en comparación con la compra al por menor, la tenencia y la estaca, si procede.

Capítulo 9: El futuro de las criptomonedas

Cuando se lanzó Bitcoin en 2009, nadie, incluido Roger, sabía lo que deparaba para el sistema financiero y la transformación del sistema monetario existente. Sin embargo, tras una década de andadura, reveló tantos aspectos de su desarrollo y crecimiento que Roger ya podía hacer predicciones calculadas sobre el futuro de la criptodivisa. Basándose en las noticias y predicciones del mercado, sabía que el futuro de la criptodivisa es muy dinámico y está sujeto a diversos factores, como los avances tecnológicos, los marcos normativos y las tendencias económicas mundiales. Sin embargo, pueden destacarse algunos aspectos clave para comprender la trayectoria potencial de esta clase de activos digitales. A medida que más particulares e instituciones reconozcan el potencial de las criptomonedas para realizar transacciones más rápidas, baratas y seguras, se espera que las tasas de adopción sigan creciendo. La popularidad de los Ordinales (Bitcoin NFTs) y otros casos de uso novedosos de la criptodivisa dice mucho de la inclinación de la gente hacia la criptodivisa como base de una economía descentralizada. Esto podría dar lugar a una mayor aceptación y a un uso más amplio, lo que impulsaría el valor global de estos activos digitales.

Un factor importante que determinará el futuro de la criptomoneda es el desarrollo de marcos reguladores claros y coherentes en las distintas jurisdicciones. Esto proporcionaría un entorno estable para empresas e inversores, fomentando el crecimiento y la innovación en el sector. La continua evolución de la tecnología blockchain y la aparición de nuevas criptomonedas, como las basadas en mecanismos de consenso proof-of-stake (Ethereum, Solana, Toncoin, Cardano y Avalanche), podrían dar lugar a activos digitales más eficientes y sostenibles desde el punto de vista medioambiental. Además, los avances en las soluciones de escalabilidad, la funcionalidad de los contratos inteligentes y la interoperabilidad entre diferentes cadenas de bloques pueden mejorar aún más la usabilidad y el atractivo de las criptomonedas. A medida que más instituciones financieras y empresas empiecen a invertir en criptomonedas y a adoptarlas, aumentará la credibilidad y legitimidad general de esta clase de activos. Cuanto mayor sea la inversión institucional, más aumentará el valor de las criptomonedas y atraerá a más inversores minoristas.

Se espera que las stablecoins, que son criptomonedas vinculadas a activos estables como monedas fiduciarias o materias primas, desempeñen un papel crucial a la hora de proporcionar estabilidad de precios y facilitar las transacciones. Por otra parte, las monedas digitales de los bancos centrales podrían alterar el panorama financiero al ofrecer una forma digital de moneda fiduciaria con las ventajas de la tecnología blockchain. Además, el crecimiento de las plataformas financieras descentralizadas (DeFi) y de los tokens no fungibles (NFT) ha mostrado el potencial de los casos de uso innovadores de la tecnología blockchain. Estos avances podrían dar lugar a nuevos modelos de negocio e instrumentos financieros, ampliando aún más la utilidad y el valor de las criptomonedas. A pesar de todos los avances que se están produciendo en el espacio de las criptomonedas y las preocupaciones sobre su futuro, su potencial sigue siendo inigualable, con predicciones de que el mercado alcanzará los 25 billones de dólares en 2030. Esto indica que es probable que la criptomoneda perdure y continúe su trayectoria de crecimiento para resolver los problemas de escalabilidad y seguridad y ofrecer oportunidades de inversión viables a los particulares. Del mismo modo, se espera que la evolución normativa del sector contribuya a mejorar la accesibilidad de Bitcoin y otras criptodivisas, lo que puede suponer un avance normativo en su crecimiento como activos digitales.

El 20 de abril de 2024, vio la noticia sobre la realización de la cuarta reducción a la mitad de Bitcoin. Aunque la reducción a la mitad de Bitcoin se asocia a menudo con un aumento en su precio, el reciente evento de reducción a la mitad dio lugar a que el precio de Bitcoin se mantuviera estable en alrededor de 63.907 dólares. También descubrió que se espera que la próxima reducción a la mitad se produzca a mediados de 2028, cuando la red alcance una altura de 1.050.000 bloques. Recordando el fenómeno de la reducción a la mitad, Roger recordó que el evento preprogramado de reducción a la mitad de Bitcoin ocurre cada cuatro años para regular la producción de Bitcoin y asegurar su suministro limitado. Cuando la recompensa por minar Bitcoin se reduce a la mitad, el número de bitcoins que entran en el mercado también se reduce, manteniendo regulada la oferta de las monedas en comparación con la demanda del mercado. Como resultado de la cuarta reducción a la mitad que tuvo lugar recientemente, la recompensa por minar Bitcoin se redujo de 6,25 Bitcoins a 3,125 monedas. Esta recompensa se reducirá aún más (a la mitad) en el próximo evento de reducción a la mitad, que probablemente ocurrirá a mediados de 2028.

De los 21 millones de bitcoins que existirán en el ecosistema de las criptomonedas, ya se han acuñado 19,5 millones, por lo que sólo quedan por acuñar 1,3 millones de monedas. Mientras la demanda se mantenga constante, se espera que los precios del bitcoin suban en respuesta a la reducción a la mitad. Sin embargo, el estudio de los datos históricos reveló que el impacto de que Bitcoin reduzca su precio a la mitad no es fijo. Puede que el precio no suba pronto tras el impacto de la reducción a la mitad, sino que tarde algún tiempo en reflejar el impacto del cambio. Los tres casos anteriores de reducción a la mitad mostraron un patrón similar cuando los precios mostraron un impacto un año después de los eventos de reducción a la mitad. Tras la reducción a la mitad de julio de 2016, los precios se cuadruplicaron en un año, mientras que en la de mayo de 2020 los precios se multiplicaron por siete un año después. Sin embargo, en el mundo de las criptodivisas, en constante evolución, las rentabilidades pasadas no pueden considerarse un indicador de los resultados futuros.

Roger pensó en el impacto de la reducción a la mitad en los mineros. Dado que las recompensas por minería se reducen a la mitad, los mineros se enfrentan al reto de reducir los costes de minería y ajustarlos a sus reducidos ingresos. A menos que se produzca un fuerte aumento del precio del bitcoin, los mineros tendrían dificultades para ajustar sus gastos a unos ingresos fijos. Los expertos tienen opiniones diferentes sobre si se producirá o no la subida del precio. Nada, pero el futuro puede revelar lo que depara a los mineros de Bitcoin.

A pesar del enorme crecimiento de las criptodivisas, Roger sabe que el camino no está libre de obstáculos. Uno de los principales es la incertidumbre regulatoria. Las criptomonedas operan en un entorno normativo que varía entre países y jurisdicciones. La falta de una regulación mundial clara y coherente puede generar ambigüedad jurídica, lo que obstaculiza la adopción y el crecimiento de los activos digitales. Las plataformas e intercambios de criptomonedas son vulnerables a los ciberataques, que pueden provocar importantes pérdidas financieras a los usuarios. Garantizar la seguridad de los activos digitales y aplicar medidas de seguridad sólidas seguirá siendo un reto fundamental para el sector. A medida que aumentan los usuarios de criptomonedas, también lo hace la necesidad de transacciones más rápidas y eficientes. Las redes de cadenas de bloques, en particular las que tienen tiempos de procesamiento más lentos y elevadas comisiones por transacción, pueden tener dificultades para seguir el ritmo de la demanda, lo que podría limitar la adopción masiva de determinadas criptomonedas. Los mecanismos de consenso

Proof-of-work, utilizados habitualmente por criptomonedas como Bitcoin, requieren importantes recursos energéticos.

El impacto medioambiental de estos procesos de uso intensivo de energía ha suscitado preocupación entre los responsables políticos y el público, lo que podría dar lugar a restricciones normativas o a una reacción pública en contra de las criptomonedas. Las criptomonedas son conocidas por la volatilidad de sus precios, que puede disuadir a posibles inversores y usuarios. La estabilidad de precios es crucial para su adopción generalizada, y se están realizando esfuerzos para mitigar la volatilidad a través de stablecoins, la mejora de la infraestructura del mercado y una mayor participación institucional. Aunque algunos bancos e instituciones financieras están explorando las criptomonedas y la tecnología blockchain, su adopción generalizada sigue siendo limitada.

Superar la resistencia e integrar las criptomonedas en los sistemas financieros tradicionales será un reto importante. Mucha gente aún no conoce a fondo las criptomonedas y sus posibles beneficios y riesgos. Aumentar la concienciación pública y proporcionar recursos educativos accesibles será esencial para una adopción y unas decisiones de inversión responsables. A medida que evolucione el panorama de las criptomonedas, seguirán surgiendo nuevos activos digitales y plataformas de cadena de bloques que desafiarán el dominio de criptomonedas consolidadas como Bitcoin y Ethereum. Mantener la competitividad y adaptarse a las últimas innovaciones será crucial para el éxito futuro de las criptomonedas existentes.

Las criptomonedas se ven influidas por las tendencias económicas mundiales y los acontecimientos geopolíticos, que pueden afectar a su adopción, regulación y sentimiento general del mercado. Superar estos retos exigirá adaptabilidad y planificación estratégica tanto a los participantes del sector como a los responsables políticos. En opinión de Roger, la integración de las criptomonedas en las transacciones diarias y los sistemas financieros sería crucial para su adopción generalizada.

Esta integración requeriría la colaboración entre gobiernos, instituciones financieras y el sector de las criptomonedas para establecer marcos reguladores claros, mejorar la experiencia de los usuarios y garantizar la seguridad y la estabilidad. Sin embargo, es necesario abordar algunos aspectos clave. Los gobiernos y los organismos reguladores deben desarrollar directrices claras y coherentes para el uso de las criptomonedas, que cubran áreas como la lucha contra el blanqueo de capitales (AML), los procedimientos de conocimiento del cliente (KYC), la fiscalidad y la protección del consumidor. Estos marcos deben lograr un equilibrio entre el fomento de la innovación y la garantía de la estabilidad y seguridad de los sistemas financieros. Además, las criptomonedas deben ser compatibles con la infraestructura financiera existente, como los sistemas bancarios y las redes de pago, para facilitar una integración sin fisuras con el sistema financiero existente. Esto puede lograrse mediante asociaciones entre empresas de criptomonedas e instituciones financieras tradicionales y el desarrollo de normas y protocolos de interoperabilidad.

Las criptomonedas pueden hacerse más accesibles al público en general mejorando las interfaces de usuario y simplificando el proceso de incorporación. Esto incluye el desarrollo de carteras, bolsas y plataformas de pago intuitivas que se adapten a los usuarios expertos en tecnología y a los que tienen poca experiencia en este ámbito. Las campañas de educación y concienciación también pueden ayudar a desmitificar las criptomonedas y fomentar su adopción. Las criptomonedas deben resolver los problemas de escalabilidad y mejorar la velocidad de las transacciones para poder gestionar grandes volúmenes de operaciones y dar soporte a los casos de uso cotidiano. Los avances en la tecnología blockchain, como las soluciones de capa 2, la fragmentación y las transacciones fuera de la cadena, pueden ayudar a conseguirlo. Como ya se ha mencionado, las stablecoins pueden promover significativamente la estabilidad financiera y fomentar la adopción generalizada de criptomonedas. Al vincular las criptomonedas a activos estables, las stablecoins pueden proporcionar a los usuarios un depósito de valor más predecible, lo que las hace adecuadas para las transacciones cotidianas y los sistemas financieros. El éxito de la integración de las criptomonedas en las transacciones cotidianas y los sistemas financieros requiere la colaboración entre las instituciones financieras tradicionales y el sector de las criptomonedas. Esta colaboración puede dar lugar a soluciones innovadoras, como el desarrollo de un monedero digital. Las empresas de criptomonedas pueden salvar la distancia con las finanzas tradicionales abordando los principales retos, fomentando la colaboración y aplicando soluciones innovadoras. Cuando se enteró de que la Comisión del Mercado de Valores de Estados Unidos (SEC) estaba examinando muchas divisas digitales y valores no registrados, no pudo evitar pensar en su impacto en el panorama de las divisas digitales, en constante evolución. Sabía que la aprobación de las cuentas de jubilación que añaden Bitcoin Exchange-Traded Funds (ETF) por la Comisión de Bolsa y Valores (SEC) sería un hito importante para la industria de la criptodivisa. Este desarrollo podría acercar potencialmente a Bitcoin y otros activos digitales a la adopción generalizada, proporcionando a la gente común una forma más accesible de invertir en criptodivisas.

Un ETF de Bitcoin cotizado en las principales bolsas de valores permitiría a los inversores de a pie exponerse a Bitcoin a través de sus cuentas de jubilación, como las cuentas individuales de jubilación (IRA). Esto proporcionaría un vehículo de inversión más regulado y familiar en comparación con la compra directa y el almacenamiento de criptodivisas. La aprobación de un ETF de Bitcoin también requeriría que la SEC se asegurase de que el fondo cumple estrictos requisitos regulatorios, proporcionando una capa adicional de protección al inversor. Esto ayudaría a mitigar algunos de los riesgos asociados a la inversión en criptomonedas, atrayendo potencialmente a una gama más amplia de inversores.

La aprobación de un ETF de Bitcoin podría dar lugar a un aumento de la inversión institucional en criptomonedas. Los gestores de activos, los fondos de pensiones y otros inversores institucionales podrían encontrar más atractivo invertir en un vehículo de inversión regulado y familiar como un ETF que enfrentarse directamente a las complejidades de las criptodivisas. Este aumento de la inversión institucional también podría ayudar a mejorar la liquidez del mercado de Bitcoin, reduciendo la volatilidad de los precios y proporcionando un entorno más estable para los inversores minoristas.

El ETF de Bitcoin, aprobado por la SEC, está sin duda aumentando la legitimidad de las criptomonedas a los ojos del público en general y de las instituciones financieras. Esta mayor legitimidad podría conducir a una adopción más generalizada, impulsando aún más el crecimiento y el desarrollo de la industria de las criptomonedas. La aprobación de la ETF de Bitcoin podría aportar numerosos beneficios, pero también existen posibles retos y consideraciones. Entre ellos, la preocupación por la manipulación del mercado, la volatilidad de los precios y la necesidad de marcos reguladores sólidos para proteger a los inversores.

La aprobación de la SEC para que las cuentas de jubilación añadan ETF de Bitcoin sería un paso significativo hacia la adopción generalizada de las criptodivisas. Este avance podría aumentar la accesibilidad, atraer a inversores institucionales y reforzar la legitimidad de los activos digitales. Sin embargo, es esencial abordar los posibles retos y garantizar la existencia de marcos reguladores adecuados para proteger a los inversores y mantener la integridad del mercado.

Al observar las últimas tendencias en el mercado de criptodivisas, Roger descubrió que también se especulaba con la CBDC, que algunos consideran la alternativa perfecta a las criptodivisas a pesar de los muchos inconvenientes que presentan. "Una moneda digital del banco central (CBDC) es una forma de moneda digital emitida por el banco central de un país. Es similar a las criptodivisas, salvo que su valor lo fija el banco central y es equivalente a la moneda fiduciaria del país."

Muchos países que se han dado cuenta de la importancia de cambiar a monedas digitales están trabajando para desarrollar CBDC. Las CBDC pueden parecer similares a otras monedas digitales o criptodivisas; sin embargo, existe una marcada diferencia entre ambas. Lo más importante que diferencia la CBDC de las criptodivisas es su control y autoridad. A diferencia de las criptodivisas, las CBDC son emitidas y controladas por el banco central. Esto significa que, al igual que la moneda fiduciaria de papel es responsabilidad del banco central, lo mismo ocurre con las CBDC.

Las CBDC son emitidas y reguladas por los bancos centrales, mientras que las criptodivisas como Bitcoin no están respaldadas ni reguladas por ninguna autoridad central. Esta diferencia en la emisión da lugar a estructuras de gobierno y procesos de toma de decisiones distintos. Además, existe una diferencia en la estabilidad de ambas monedas. Las CBDC suelen estar vinculadas al valor de la moneda fiduciaria del país, lo que proporciona una estabilidad percibida y reduce el riesgo de volatilidad asociado a las criptodivisas. Por otra parte, las criptomonedas pueden experimentar importantes fluctuaciones de precios debido a la dinámica de la oferta y la demanda del mercado. El principal objetivo del desarrollo de los CBDC es mejorar la eficiencia y eficacia de los sistemas de pago y la infraestructura financiera de un país. Las criptomonedas, como el Bitcoin, a menudo pretenden perturbar los sistemas financieros tradicionales y promover la descentralización, desafiando el papel de los bancos centrales y los gobiernos en la gestión de la oferta monetaria y la política monetaria. La mayoría de las criptomonedas, incluida Bitcoin, ofrecen a los usuarios un cierto nivel de anonimato, lo que dificulta el seguimiento de las transacciones. Las CBDC, sin embargo, pueden diseñarse para ser más rastreables, incluso evasivas, lo que permite a los bancos centrales y a los gobiernos controlar las transacciones con fines como la lucha contra el blanqueo de capitales, la evasión fiscal y la financiación del terrorismo. Aunque tanto las CBDC como las criptomonedas pueden aprovechar la tecnología blockchain o de libro mayor distribuido, las implementaciones específicas y los casos de uso pueden diferir. Las CBDC pueden diseñarse para operar en cadenas de bloques autorizadas (frente a las no autorizadas) u otros sistemas de libro mayor distribuido, lo que proporciona más control y seguridad al tiempo que mantiene las ventajas de las transacciones digitales.

A pesar de ser monedas digitales, las CBDC y las criptomonedas como Bitcoin difieren en términos de emisión, regulación, estabilidad, propósito, anonimato y tecnología. Las CBDC están diseñadas para complementar y mejorar los sistemas financieros existentes, mientras que las criptomonedas a menudo tratan de desafiarlos y perturbarlos.

Roger leyó una previsión según la cual en 2028 sólo el 9% de las transacciones se realizarán con moneda física. El resto de las transacciones se digitalizarían. Sin embargo, para Roger, la sustitución del efectivo digital parece una tarea ardua.

Pensó: "¿Y si las estructuras centrales de nuestro mundo financiero estuvieran a punto de sufrir un cambio de paradigma con el auge de las monedas digitales de bancos centrales (CBDC)?". Sabía que una CBDC representa una moneda de curso legal que puede utilizarse para diversas transacciones, similar al efectivo físico pero en formato digital. Estas monedas están diseñadas para coexistir con los sistemas de pago existentes en un país y con la moneda fiduciaria tradicional para proporcionar beneficios como una mayor eficiencia, reducción de costes e inclusión financiera. Roger descubrió que un avance significativo hacia la centralización y digitalización del sistema monetario fue el sistema de crédito social chino.

El Sistema de Crédito Social (SCS) de China es una iniciativa respaldada por el gobierno cuyo objetivo es evaluar y calificar el comportamiento y la fiabilidad de personas y organizaciones. El sistema de crédito social de China es una parte crucial del sistema económico socialista de mercado chino. Se basa en leyes, reglamentos, normas y contratos y abarca una red de registros de crédito e infraestructura crediticia para los miembros de la sociedad. El sistema de crédito se inspira en el concepto de "puntuación de crédito social", que es similar al retratado en el famoso episodio "Nosedive" de la serie de Netflix Black Mirror. En esta serie de televisión antológica, cada episodio presenta una realidad alterada, centrándose en diversos aspectos del mundo real. El episodio "Nosedive" analiza cómo sería el mundo si se utilizaran las redes sociales para definir la valía real de las personas. El episodio presenta un mecanismo de calificación a través del cual las personas se califican unas a otras. La calificación desempeña un papel importante en la vida de las personas, afectando a diversos aspectos, desde su trabajo hasta su vida social. Cuando la protagonista pierde su calificación, se enfrenta a una serie de problemas en su vida personal y profesional, y acaba en la cárcel.

El sistema chino de crédito social también presenta un marco similar y afecta a la vida de las personas. La puntuación del crédito social de una persona puede influir en su acceso a diversos servicios, como préstamos, tarjetas de crédito y seguros. Los que tienen una puntuación más alta pueden recibir mejores tipos de interés y condiciones más favorables, mientras que los que tienen una puntuación más baja pueden enfrentarse a restricciones o ver denegado totalmente el acceso a estos servicios. Algunos empleadores e instituciones educativas de China han empezado a utilizar la puntuación de crédito social como factor en las decisiones de contratación y admisión. Las personas con una puntuación más alta pueden tener más posibilidades de ser contratadas o admitidas, mientras que las que tienen una puntuación más baja pueden tener dificultades en estos ámbitos.

El sistema de crédito social también puede influir en la capacidad de una persona para viajar dentro y fuera de su país. Por ejemplo, a las personas con una puntuación baja se les puede restringir la compra de billetes de tren de alta velocidad o tomar vuelos. Además, quienes infringen las leyes de tráfico pueden enfrentarse a sanciones, como la prohibición de conducir o utilizar el transporte público. Una baja puntuación de crédito social y sus repercusiones pueden conducir a un estigma social y a una reputación dañada, ya que la gente puede percibir a quienes tienen una puntuación más baja como menos dignos de confianza o responsables. Esto puede afectar a las relaciones personales y profesionales, así como a las oportunidades de establecer contactos e interacciones sociales.

En algunos casos, una baja puntuación de crédito social puede acarrear consecuencias legales, como multas, descensos de categoría o incluso acciones penales. Por ejemplo, las empresas con puntuaciones bajas pueden enfrentarse a sanciones, y los individuos que violan repetidamente las normas sociales o participan en actividades fraudulentas pueden sufrir repercusiones legales. Debido a estas características, el Sistema de Crédito Social chino se compara a menudo con la representación ficticia de "Nosedive". Aunque el sistema pretende fomentar la armonía social, la responsabilidad y la confianza, también suscita preocupación por la privacidad, la libertad y los posibles abusos de poder.

Una de las cosas que Roger dedujo tras su investigación sobre los avances en curso para la implantación del efectivo digital y el sistema crediticio chino fue que conlleva los peligros del control para las personas y amenaza la libertad individual. Los peligros del control para una persona pueden manifestarse de diversas formas, afectando a su bienestar mental, emocional y físico. Cuando las personas están sometidas a un control excesivo, pueden perder su capacidad para tomar decisiones financieras y controlar sus vidas de forma independiente. Esto puede provocar sentimientos de impotencia, baja autoestima y falta de confianza en sus capacidades.

Muchos expertos han hablado también de la amenaza de reducción de la libertad financiera que conlleva el CBDC. También puede conducir a un efecto de enfriamiento social en el que los individuos teman participar en la expresión de sus ideas por miedo a leyes y reglamentos estrictos. Un control excesivo puede suprimir la creatividad y la autoexpresión de un individuo, ya que puede sentir la necesidad de ajustarse a las expectativas y preferencias de quienes ostentan el poder. Esto puede limitar su crecimiento personal y obstaculizar su capacidad para explorar nuevas ideas y perspectivas.

Intentó imaginar un día en el que un Banco Central de Divisas Digitales (CBDC) controlara varios aspectos de la vida de un individuo para entender los pros y los contras de este sistema. Imaginó que podría despertarse con un despertador inteligente conectado a su CBDC y tomar un café recién hecho en su cafetera conectada a la CBDC. En caso de insuficiencia de fondos en su cuenta, no podría obtener su café matutino, y tampoco sonaría su alarma. El mismo mecanismo rige su frigorífico inteligente, que sólo contiene alimentos saludables. Unas malas elecciones dietéticas pueden llevarle a una puntuación CBDC más baja, lo que en última instancia podría bloquear sus elecciones alimentarias poco saludables. Del mismo modo, sus desplazamientos, rendimiento en el trabajo, comidas, impuestos, entretenimiento y otros aspectos de la vida podrían seguir un patrón similar. Esto conllevaría su propio conjunto de pocas ventajas y muchos inconvenientes que aún están por descubrir.

Al profundizar en las previsiones y especulaciones, Roger descubrió que en Estados Unidos se estaba desarrollando un sistema de crédito social similar. Las teorías relacionadas también indicaban que el alcance potencial del sistema de crédito social blando en construcción es enorme. Con este sistema, las empresas podrían rastrear las actividades de los individuos y darles recompensas o castigos corporativos que podrían bloquear transacciones, añadir recargos o incluso restringir el uso de determinados productos. La gente llegó a creer que los CBDC supondrían el fin de la libertad estadounidense. Sin embargo, Roger sabía que la realidad sólo se pondría de manifiesto una vez que el sistema monetario digital viera la luz o la idea fuera tan incompatible con la libertad y los derechos constitucionales estadounidenses que pudiera prohibirse antes de que tuviera la oportunidad de existir. (En febrero de 2024 se introdujo en ambas cámaras del Congreso de EE.UU. la Ley contra el Estado de Vigilancia del CBDC, que prohíbe a la FED crear un CBDC. La Cámara de los EE.UU. aprobó la resolución en mayo de 2024)

Tras su largo pero provechoso viaje en el ecosistema de la criptodivisa, Roger pudo ver cómo podría afectar al futuro del sistema monetario. Las estadísticas revelan que casi 2.000 millones de pagos realizados en todo el mundo son digitales cada día, y Roger pudo ver un estallido de innovación creativa en marcha en el sistema monetario. Anticipó que en el futuro se abrirían más vías para un sistema monetario digital, lo que facilitaría la creación de un sistema monetario digital sólido. Sin embargo, el papel de la criptomoneda como base del futuro sistema monetario aún está por decidir. Los defectos estructurales del cripto universo y algunos otros inconvenientes de este ecosistema lo hacen inadecuado para un sistema monetario digital escalable. La dependencia de la criptomoneda por parte de intermediarios no regulados también plantea varios riesgos financieros.

Por otro lado, un sistema basado en el dinero del banco central suena más adecuado para la creación y el desarrollo de un sistema monetario que tendría margen para la innovación y la escalabilidad. También creía que las capacidades que suelen asociarse al ecosistema de las criptodivisas, como la programabilidad, la componibilidad y la tokenización, no podían construirse sobre CBDC. Roger recuerda que "Bitcoin se creó durante el crack financiero de 2008 debido a la escasa confianza en las instituciones bancarias y la FED. También se concibió para dar más libertad transaccional y la capacidad de que un individuo almacenara valor monetario sin el permiso o el control de una autoridad central." En su opinión, es probable que el futuro del sistema monetario esté determinado por varios factores y tendencias clave, como el aumento de la capitalización del mercado de criptomonedas, los avances en tecnología financiera, la creciente presión de la globalización y las crecientes preocupaciones en torno a la libertad financiera y la privacidad. Es probable que los bancos centrales y las instituciones financieras desempeñen un papel más importante en la promoción de inversiones en energía nuclear, infraestructuras energéticas y carbón limpio. Aunque el impacto de la criptomoneda en el futuro sistema monetario está aún por decidir, su potencial para hacer dinero para los inversores es innegable.

Roger concluyó que tras una década de transformación y evolución masivas en el espacio de la criptomoneda, el futuro de la criptomoneda como inversión parece brillante. La aprobación del fondo cotizado en bolsa (ETF) de Bitcoin al contado y los nuevos casos de uso de la criptomoneda han aumentado el optimismo en torno a su potencial de crecimiento. Además, la transformación masiva y el desarrollo tecnológico en la esfera de las criptomonedas apuntan hacia un futuro más brillante de la tecnología blockchain y su red de apoyo.

En medio de la abundancia de especulaciones y predicciones sobre la criptomoneda, una cosa sigue estando clara: la blockchain de Bitcoin seguirá mejorando en términos de escalabilidad y seguridad. Las criptomonedas y Bitcoin seguirán siendo un tema de gran interés para los inversores y permanecerán en el punto de mira de los especuladores. Es probable que Bitcoin y otras criptodivisas sigan siendo populares entre un grupo específico de inversores tolerantes al riesgo. Al mismo tiempo, es probable que el futuro de los sistemas monetarios se base en una combinación de diferentes tecnologías e innovaciones digitales.

Chapter 10: Conclusion

El viaje de Roger a través del complicado panorama de las criptomonedas describe el viaje de varios otros entusiastas y programadores de las criptomonedas que fueron testigos de la transformación masiva de la moneda digital desde sus inicios hasta que las criptomonedas dominaron el sistema financiero y monetario.

En su viaje para explorar la travesía del Bitcoin y la criptomoneda, Roger descubrió una serie de fascinantes relatos de innovación, creatividad, modernización y potencial transformador. Roger, que se adentró en este espacio por curiosidad, no pudo evitar sumergirse en él y experimentar de primera mano sus posibles oportunidades. Cada capítulo de este libro ayuda a conocer más de cerca el viaje de Roger para desarrollar un profundo conocimiento de este ecosistema y comprender la dinámica que rige esta industria. Destacando los 15 años transcurridos desde la publicación del whitepaper de Bitcoin y la puesta en línea de la primera blockchain, Roger recorrió su viaje y reflexión a lo largo de esos años. Empezando por los complicados orígenes de Bitcoin hasta alcanzar varios hitos evolutivos que acabaron configurando el panorama de este innovador activo digital.

Intercambiar miles de Bitcoins por un par de pizzas podría parecer hoy una idea irrisoria. Sin embargo, como se menciona en el Capítulo Dos, cuando Laszlo Hanyecz ofreció diez mil Bitcoins a cambio de dos pizzas, nadie pareció interesado en esa oferta. Al principio la gente ni siquiera se lo creía, y los que incluso se lo creían no parecían interesados en ello a menos que alguien aceptara la oferta. Esto llevó a la famosa transacción de la pizza Bitcoin, que se convirtió en una marca histórica en la historia de Bitcoin. El nacimiento de Bitcoin, a menudo envuelto en el misterio bajo el seudónimo de Satoshi Nakamoto, marcó un momento crucial en la historia del desarrollo del sistema financiero. Surgido tras la crisis financiera de 2008, Bitcoin se concibió como una moneda descentralizada libre de las ataduras de las instituciones financieras tradicionales. A pesar de presentar una solución ideal a los problemas existentes en los sistemas financiero y monetario, la moneda sufrió inicialmente la falta de confianza de sus usuarios por las razones correctas. Con las secuelas de la crisis financiera de 2008 aún patentes, confiar en la novedosa idea de una moneda descentralizada era difícil de digerir. Sin embargo, esto no impidió que el potencial de la criptomoneda hiciera realidad su abanico de posibilidades. Como ya se comentó en el primer capítulo, Satoshi Nakamoto sentó las bases de un sistema de dinero electrónico entre iguales que alteraría el statu quo mediante principios criptográficos y la tecnología blockchain.

La tecnología y la red blockchain de las que hablaba Satoshi Nakamoto en su libro blanco sobre Bitcoin pronto se convirtieron en la comidilla de la revolución blockchain. En el centro de la saga de Bitcoin está la revolucionaria tecnología blockchain que sustenta sus operaciones. Blockchain, un sistema de libro mayor distribuido, permite transacciones transparentes, inmutables y seguras, marcando el comienzo de una nueva era de interacciones peer-to-peer sin confianza. Como se explica en el segundo capítulo, la naturaleza descentralizada de la cadena de bloques prometía otorgar a los individuos un control sin precedentes sobre sus activos financieros, trascendiendo las fronteras geográficas y los intermediarios. Sin embargo, los primeros años de adopción y uso de Bitcoin estuvieron marcados por varios retos, como la limitada concienciación pública y los casos de uso experimentales. Tras un lento crecimiento en los primeros años, la base de usuarios y el volumen de transacciones fueron cobrando impulso. Como resultado de la creciente concienciación, más personas se interesaron por la minería de Bitcoin, pero desconocían el marco a seguir para entrar en este mundo.

Además, la concentración de la minería de Bitcoin en manos de unos pocos individuos suscitó preocupaciones sobre la centralización y la posible manipulación. Estas preocupaciones se erradicaron con el tiempo a medida que surgieron los pools de minería, que distribuyeron el poder y aumentaron la seguridad de la red. Tras pasar por varias etapas de pruebas, errores, desarrollos e innovación, la criptomoneda, que inicialmente comenzó como un mero concepto, se convirtió finalmente en un fenómeno global. El viaje de Bitcoin y la criptomoneda desde un mero concepto a un fenómeno global dice mucho del ingenio humano, la resistencia y la búsqueda incesante de la innovación. Lo que empezó como una idea abstracta debatida y especulada en los confines de un libro blanco prosperó hasta convertirse en una fuerza transformadora que reconfigura el panorama de las finanzas y la tecnología a escala mundial.

Inicialmente, Bitcoin surgió como una esperanza de alejarse de los inconvenientes de los sistemas financieros tradicionales, desafiando el control último de las autoridades centralizadas y los intermediarios. Los visionarios detrás de esta tecnología disruptiva probablemente imaginaron un mundo en el que los individuos pudieran realizar transacciones sin problemas y sin la necesidad de la supervisión de terceros. Parecía la solución perfecta a los escollos del sistema monetario centralizado y a la inflación. Después de que la incertidumbre inicial entre el público se convirtiera en un interés creciente, el concepto cobró fuerza en círculos especializados, lo que llevó a los entusiastas de la criptomoneda y a los primeros en adoptarla a explorar los secretos de la moneda descentralizada y darla a conocer al mundo. La comunidad de los primeros desarrolladores, mineros y defensores sentó las bases de un floreciente ecosistema caracterizado por la experimentación, la innovación y los contratiempos ocasionales. A pesar del escepticismo inicial y de los obstáculos normativos, la resistencia de la comunidad de criptomonedas propulsó a Bitcoin hacia la conciencia general.

Con el tiempo, varias criptomonedas alternativas y casos de uso innovadores de la tecnología blockchain también pasaron a formar parte del ecosistema de las criptomonedas. Desde las plataformas de finanzas descentralizadas (DeFi) que reimaginan los servicios bancarios tradicionales hasta los tokens no fungibles (NFT) que revolucionan la propiedad digital, diversas innovaciones demostraron el potencial transformador de esta tecnología. En medio de la batalla entre retos y oportunidades, las criptodivisas continuaron su trayectoria de crecimiento, convirtiéndose finalmente en un fenómeno mundial.

La evolución de Bitcoin desde la oscuridad a la prominencia catalizó un renacimiento más amplio de las finanzas digitales, allanando el camino para una diversa gama de criptomonedas y aplicaciones basadas en blockchain. Desde la introducción de los contratos inteligentes de Ethereum hasta el crecimiento de los intercambios descentralizados y los activos digitales, el panorama de las criptomonedas pronto se convirtió en un vibrante ecosistema con un amplio margen para la creatividad y las posibilidades. Al mismo tiempo, la aceptación global de las criptomonedas trascendió las fronteras geográficas, fomentando una comunidad sin fronteras unida por una visión compartida de soberanía financiera y empoderamiento. A medida que personas de todo el mundo aprovechaban las criptomonedas para evitar barreras financieras, preservar la riqueza y participar en nuevas formas de actividad económica, el fenómeno se hizo global.

Sin embargo, el ascenso del Bitcoin y las criptomonedas desde el anonimato a la ubicuidad no ha estado exento de dificultades. El escrutinio regulador, la volatilidad del mercado y los cuellos de botella tecnológicos han planteado obstáculos formidables en el camino hacia la adopción masiva. Del mismo modo, también se ha convertido en una herramienta popular entre estafadores y piratas informáticos. Como se explica detalladamente en el Capítulo 4, varias bolsas de criptomonedas se convirtieron en objetivo de estafadores, lo que provocó pérdidas masivas entre los inversores. Sin embargo, con cada prueba y tribulación, la resistencia de la comunidad de criptomonedas prevaleció, impulsando la innovación y haciendo avanzar al sector.

A la vanguardia de la revolución de las criptomonedas se sitúan las finanzas descentralizadas (DeFi), que tienen el potencial de revolucionar la forma en que concebimos e interactuamos con los servicios financieros tradicionales. Las tendencias y especulaciones apuntan a que el atractivo de las finanzas descentralizadas está listo para cautivar a un público cada vez más amplio, lo que conducirá a una transformación masiva del panorama financiero. En esencia, DeFi representa un cambio de paradigma en la prestación de servicios financieros, aprovechando la tecnología blockchain para eludir a los intermediarios y facilitar las transacciones entre pares de forma fiable. Desde el préstamo y el endeudamiento hasta el comercio y la gestión de activos, el alcance de las aplicaciones de DeFi es tan diverso como revolucionario, y ofrece a los usuarios una autonomía, transparencia y eficiencia sin precedentes.

Uno de los principales motores de la creciente popularidad de DeFi es su promesa de inclusión financiera. Al eliminar las barreras de entrada y democratizar el acceso a los servicios financieros, DeFi permite a personas de todo el mundo participar en un ecosistema financiero abierto e integrador, independientemente de su ubicación geográfica o situación socioeconómica. Desde las personas sin acceso a servicios bancarios en países en desarrollo devastados por la guerra hasta las comunidades subbancarizadas en el mundo desarrollado, DeFi representa una esperanza para los marginados por los sistemas financieros tradicionales, ofreciéndoles un salvavidas hacia el empoderamiento financiero y la agencia económica.

Además, el atractivo de DeFi reside en su potencial para revolucionar los servicios bancarios tradicionales y ofrecer a los usuarios una alternativa viable a las instituciones financieras centralizadas. Aprovechando el poder de los contratos inteligentes y las redes descentralizadas, los protocolos DeFi facilitan la concesión de préstamos y empréstitos entre pares sin fisuras, lo que permite a los usuarios ganar intereses por sus activos o acceder a liquidez sin necesidad de intermediarios.

Esta desintermediación de los servicios bancarios tradicionales no solo reduce costes e ineficiencias, sino que también fomenta una mayor autonomía y control financieros para los usuarios. Si miramos de cerca, el futuro de DeFi parece inexorablemente ligado a la evolución más amplia de la criptomoneda y la tecnología blockchain. Cada día que pasa, los protocolos DeFi son más sofisticados, interoperables y fáciles de usar, lo que reduce las barreras de entrada y amplía el alcance de las finanzas descentralizadas a nuevos públicos. Además, la convergencia de DeFi con tecnologías emergentes como la inteligencia artificial, el Internet de las Cosas (IoT) y las organizaciones autónomas descentralizadas (DAO) promete desbloquear nuevas fronteras de posibilidades, fomentando la innovación y la colaboración a una escala antes inimaginable.

Además de DeFi, otra innovación en activos digitales con un considerable potencial de crecimiento son las altcoins. Se cree que estas alternativas al Bitcoin tienen el potencial de ofrecer rendimientos considerables a los inversores, que podrían superar los rendimientos de inversión del Bitcoin. Con su potencial para ser ocasionalmente menos volátiles que Bitcoin, se consideran una opción de inversión lucrativa. Varias altcoins ofrecen ciertas ventajas sobre el Bitcoin, como una mayor velocidad y unas tasas de procesamiento más bajas. Estos factores las convierten en una opción susceptible de dominar el mercado de las criptodivisas e incluso de competir con la criptodivisa más popular, Bitcoin.

Las altcoins, criptodivisas alternativas al Bitcoin, han surgido como dinámicas contendientes dentro del panorama de las criptodivisas. Tienden a tener el potencial de captar una mayor cuota de mercado y redefinir los contornos de las finanzas digitales. Estos diversos activos digitales están preparados para alcanzar nuevas cotas de popularidad y utilidad en el futuro. El atractivo de las altcoins reside en su capacidad para innovar sobre los principios fundacionales establecidos por Bitcoin, ofreciendo características, funcionalidades y casos de uso únicos adaptados a las diversas necesidades de usuarios e inversores. Uno de los principales motores de la creciente popularidad de las altcoins es su potencial para la diversificación y la optimización de carteras. Aunque el Bitcoin sigue siendo la criptomoneda preeminente por capitalización bursátil y reconocimiento general, las altcoins ofrecen a los inversores un espectro más amplio de oportunidades de inversión que abarcan diversos sectores, industrias y paradigmas tecnológicos.

Al asignar estratégicamente el capital en una cartera diversificada de altcoins, los inversores pueden mitigar el riesgo, aprovechar las tendencias emergentes y mejorar potencialmente los rendimientos en un panorama de mercado en constante evolución. Además, la proliferación de las altcoins ha democratizado el acceso a los servicios financieros y a las oportunidades de inversión, permitiendo a personas de todo el mundo participar en la floreciente economía digital. Desde las plataformas de financiación descentralizada (DeFi), que permiten conceder préstamos, tomar dinero prestado y cultivar cosechas, hasta los tokens no fungibles (NFT), que revolucionan la propiedad digital y la monetización de contenidos, las altcoins facilitan la innovación y la disrupción en diversos sectores, trascendiendo las fronteras y los intermediarios tradicionales.

El desarrollo transformador de las criptomonedas subraya la importancia de comprender este panorama y mantenerse informado sobre los últimos acontecimientos en este ecosistema. A medida que las criptomonedas siguen impregnando el discurso dominante y remodelando los mercados mundiales, particulares, empresas y responsables políticos por igual se enfrentan al reto de adaptarse a los cambiantes escenarios del mundo financiero. A diferencia de las monedas fiduciarias tradicionales, gobernadas por autoridades centralizadas, las criptomonedas operan en redes descentralizadas protegidas por algoritmos criptográficos. Esta desviación fundamental del statu quo introduce una serie de oportunidades y retos únicos que exigen una comprensión clara para navegar con eficacia. Para las personas, comprender las criptomonedas va más allá de la mera educación financiera y se convierte en una capacitación personal. Al familiarizarse con las tecnologías subyacentes y los principios que rigen las criptomonedas, las personas pueden tomar el control de sus destinos financieros, mitigar los riesgos y aprovechar las oportunidades emergentes en la economía digital. Ya sea como medio para diversificar las carteras de inversión, facilitar las transacciones transfronterizas o participar en plataformas financieras descentralizadas (DeFi), el dominio de las criptomonedas permite a las personas navegar por un mundo cada vez más digitalizado con confianza y autonomía.

Las empresas también pueden obtener beneficios sustanciales de un conocimiento exhaustivo de la criptomoneda. Desde las nuevas empresas que aprovechan la tecnología blockchain para optimizar la gestión de la cadena de suministro hasta las empresas establecidas que exploran la tokenización y las estructuras de gobierno descentralizadas, el dominio de la criptomoneda abre una serie de vías para la innovación, la eficiencia y la ventaja competitiva. Al mantenerse al tanto de las tendencias emergentes y los avances normativos en el espacio de la criptomoneda, las empresas pueden situarse a la vanguardia de la disrupción del sector, listas para capitalizar el potencial transformador de las finanzas digitales. Además, los responsables políticos y los organismos reguladores desempeñan un papel fundamental en la configuración de la trayectoria de adopción e integración de la criptomoneda en marcos socioeconómicos más amplios. La toma de decisiones informada y el compromiso proactivo con las partes interesadas son esenciales para fomentar un entorno propicio para la innovación, la protección del consumidor y la estabilidad del mercado.

Mediante el fomento del diálogo, la realización de evaluaciones exhaustivas de los riesgos y la aplicación de marcos normativos sólidos que equilibren la innovación y la libertad con las salvaguardias para los inversores, los responsables políticos pueden aprovechar el potencial de las criptomonedas para impulsar el crecimiento económico, fomentar la inclusión financiera y promover la equidad social.

La mejor estrategia para mantenerse al día de las últimas noticias y actualizaciones sobre criptomonedas es configurar alertas personalizadas en sus dispositivos. Varias plataformas de noticias ofrecen actualizaciones personalizadas para ayudarle a mantenerse al día con las noticias del mercado, las tendencias y las últimas actualizaciones relativas a sus criptodivisas específicas. Además, participar en comunidades de criptodivisas y plataformas de debate puede marcar una gran diferencia a la hora de mantenerse al tanto de las últimas noticias y actualizaciones del mercado. Los tipos de noticias y actualizaciones de criptodivisas a las que uno debe prestar atención incluyen tendencias y análisis del mercado, desarrollos regulatorios y actualizaciones legales, nuevos lanzamientos de criptodivisas e ICOs, desarrollos de seguridad, incidentes de piratería informática y asociaciones y colaboraciones importantes.

Recuerde que el mercado también es muy susceptible a la información incorrecta y a las actualizaciones falsas. Por lo tanto, es crucial confiar en las fuentes de información adecuadas. En lugar de confiar en fuentes no verificadas, debe poner su fe en expertos y analistas de renombre que entienden mejor el mercado y también pueden elaborar previsiones y predicciones correctas basadas en datos históricos y tendencias. En un mercado tan dinámico como el de las criptomonedas, conocer las últimas actualizaciones lo antes posible puede suponer una gran diferencia en el rendimiento general de su inversión. A la hora de invertir en criptodivisas, el elemento más importante es tener una mentalidad que contemple la innovación, acepte la transformación disruptiva y pueda adaptarse a escenarios cambiantes.

Una cosa que a menudo se pasa por alto es la diferencia entre los inversores en criptomoneda y Bitcoin. Aunque Bitcoin en sí es una criptomoneda, a menudo hay una variación en el comportamiento de inversión y la mentalidad de los inversores de cripto y bitcoin. Dado que la psicología y la toma de decisiones emocionales tienden a desempeñar un papel importante en la compra y venta de criptodivisas, uno debe entender estos factores antes de entrar en este espacio. Las dos principales mentalidades que dominan el mercado de la inversión en cripto son la "mentalidad bitcoin o bitcoinista" y la "mentalidad cripto nativa".

Esta mentalidad suele ser común entre los primeros adoptantes de Bitcoin que entienden profundamente la tecnología y los factores subyacentes que controlan la dinámica de este mercado. Los inversores con una mentalidad bitcoinista creen en la idea de crear un sistema financiero transparente, seguro y descentralizado. Su pasión por la tecnología y su compromiso con los proyectos Bitcoin son visibles a través de sus opiniones y su apoyo abierto. Se trata de inversores cuyo objetivo principal no es acumular riqueza rápidamente. Más bien, sus decisiones de inversión están influenciadas por sus firmes creencias en la ideología que hay detrás de esta tecnología y en el futuro que promete la tecnología blockchain.

Por otro lado, los criptonativos son inversores que han sido criptousuarios e inversores activos desde el inicio de las criptodivisas. Suelen ser miembros activos de la comunidad y poseen un conocimiento más profundo del mercado y de los factores que afectan a su movimiento. Estos inversores buscan abiertamente oportunidades en el mundo de las criptomonedas y están dispuestos a explorar las aplicaciones potenciales de la tecnología blockchain y otros activos digitales. Debido a su afán por explorar el potencial de las criptodivisas, estos inversores son propensos a asumir riesgos financieros y pueden participar en inversiones de alto riesgo y alto rendimiento. Sus carteras se componen de múltiples divisas y activos digitales.

Ambos enfoques de inversión tienen sus pros y sus contras. Los bitcoinistas se centran únicamente en el uso y el potencial de Bitcoin y puede que no exploren la amplia gama de aplicaciones potenciales de las criptodivisas en las que se centran los criptonativos. Se trata de un enfoque más cauto y reacio al riesgo, mientras que la mentalidad cripto-nativa hace hincapié en un enfoque experimental para la diversificación de la cartera y la maximización de los beneficios. Sin embargo, si no se gestiona con eficacia, la mentalidad cripto-nativa puede llevar a los inversores a asumir riesgos no calculados por miedo a perderse algo. Lo mejor es adoptar una mentalidad equilibrada, tendiendo un puente entre estas dos escuelas de pensamiento y asegurando sus inversiones en criptomonedas. Para aprovechar al máximo el potencial de la cadena de bloques y la tecnología de libro mayor distribuido (DLT), hay que desarrollar una mentalidad de crecimiento para comprender y adoptar estas innovaciones técnicas. Para ello es necesario explorar las posibilidades de este mercado y las implicaciones o casos de uso de estas tecnologías para las distintas partes interesadas.

Esto puede obtenerse de diferentes estudios de casos, informes, noticias, plataformas de debate, informes de investigación y artículos. Desarrollar una mentalidad de crecimiento le ayudará a pensar de forma crítica sobre las oportunidades y los riesgos del mercado para sacar el máximo partido de blockchain y las DLT.

Una consideración importante a la hora de explorar las posibilidades de las criptomonedas y la tecnología blockchain es la introducción de web3. "Web3 es una pila emergente de infraestructura digital impulsada por tecnologías como blockchain, contratos inteligentes y pruebas de conocimiento cero".

El término se refiere a la próxima iteración de Internet, construida sobre la tecnología blockchain y controlada por sus usuarios. La idea es construir una red de Internet descentralizada basada en la tecnología DLT y blockchain, que permita a los usuarios controlarla de forma comunitaria. Se prevé que esta tecnología dé paso a una nueva era de Internet, con redes gestionadas por la comunidad que controlen su uso y acceso, frente al actual control centralizado de unas pocas corporaciones. Las tres tecnologías principales que apoyan el desarrollo y la ejecución de esta nueva Internet son la cadena de bloques, los contratos inteligentes y los activos y fichas digitales. Por lo tanto, es crucial comprender de antemano los matices de estas tecnologías para estar preparado para el cambio que se avecina.

Una cuestión importante que se plantea en relación con la naturaleza y el potencial de la criptomoneda y la cadena de bloques es si son innovaciones disruptivas o sustentadoras en el sector financiero. Los expertos tienen opiniones diversas al respecto. Según una encuesta realizada entre expertos, la mayoría de los encuestados cree que blockchain es una innovación sostenible más que una innovación disruptiva. A pesar de la creciente popularidad de la tecnología blockchain en el mundo financiero, aún está por ver si resultará ser una innovación disruptiva o sostenible; sin embargo, no hay duda de su enorme potencial de crecimiento y ganancias. Bitcoin y Crypto podrían hacerte millonario con la mentalidad correcta y el equilibrio de una cuidadosa investigación, diversificación, tiempo y algo de suerte.

"Miles de expertos estudian indicadores de sobrecompra, patrones de cabeza y hombros, ratios put-call, la política de la Fed sobre la oferta monetaria... y no pueden predecir los mercados con ninguna consistencia útil, más de lo que los exprimidores de mollejas podían decir a los emperadores romanos cuándo atacarían los hunos."

Peter Lynch

Glosario

Ataque del 51%: Es un ataque a una blockchain por parte de un grupo de mineros que controlan más del 50% del hash rate de minado de una red.

Algoritmo: Proceso o conjunto de reglas a seguir en la resolución de problemas u operaciones de cálculo, generalmente por un ordenador.

Máximo histórico (ATH): El punto más alto en términos de precio y capitalización de mercado que una criptodivisa ha alcanzado en la historia.

All-time-low (ATL): El punto más bajo en términos de precio y capitalización de mercado que una criptodivisa ha tenido en la historia.

Altcoins: Una criptomoneda alternativa a Bitcoin.

Anti-Lavado de Dinero (AML): Un conjunto de leyes internacionales para restringir a individuos y organizaciones criminales involucradas en el blanqueo de dinero a través de criptodivisas.

Creador de Mercado Automatizado (AMM): Un protocolo de intercambio descentralizado (DEX) que permite a los usuarios negociar activos digitales automáticamente y sin permiso. Los AMM utilizan pools de liquidez en lugar de un mercado tradicional de compradores y vendedores y forman parte del ecosistema de las finanzas descentralizadas (DeFi).

Bitcoin: la primera criptomoneda descentralizada.

Bitcoin Core: Software libre y de código abierto que define el protocolo Bitcoin y actúa como estándar para la red Bitcoin. Es el cliente Bitcoin original y más utilizado, que permite a los usuarios conectarse a la red, ejecutar nodos y validar bloques y transacciones.

Reducción a la mitad de Bitcoin: Evento en el que las recompensas totales por bloque confirmado se reducen a la mitad.

Minado de Bitcoin: El proceso por el cual las transacciones se introducen oficialmente en la cadena de bloques utilizando mineros SHA 256. También es la forma en que se ponen en circulación nuevos bitcoins.

Blockchain: Libro de contabilidad público, compartido e inmutable que facilita el proceso de registro de transacciones y seguimiento de activos en una red empresarial.

Recompensa por bloque: Las monedas concedidas a un minero o grupo de mineros por resolver el problema criptográfico necesario para crear un nuevo bloque en una determinada blockchain.

Burn address: También conocida como quema de tokens, es irreversible y se consigue normalmente enviando las monedas a una dirección de monedero pública donde no se pueden recuperar ni gastar. Una vez que las monedas se envían a esta "dirección de quema", quedan efectivamente inutilizables, reduciendo así el suministro total de criptodivisas en circulación. De forma similar, como una recompra de acciones.

Banco Central: Institución pública encargada de aplicar la política monetaria, gestionar la moneda de un país o grupo de países y controlar la oferta monetaria.

Moneda Digital del Banco Central (CBDC): Una CBDC es una forma digital de dinero del banco central que está ampliamente disponible para el público en general. "Dinero del banco central" se refiere al dinero que es un pasivo del banco central. En Estados Unidos, existen actualmente dos tipos de dinero del banco central: la moneda física emitida por la Reserva Federal y los saldos digitales mantenidos por los bancos comerciales en la Reserva Federal.

Monedero frío: Un monedero de criptomoneda totalmente fuera de línea.

Algoritmo de consenso: Proceso utilizado para lograr un acuerdo sobre un único valor de datos entre procesos o sistemas distribuidos.

Mezclador de criptomonedas: Un mezclador es un intento conceptual que permite a cualquiera anonimizar sus criptodivisas permitiendo a un tercero mezclar sus criptodivisas con un montón de otras criptotransacciones. Al final del proceso, después de una pequeña cuota, es muy difícil descifrar de quién es el cripto y la dirección de la cartera de origen que entró y quién salió, oscureciendo efectivamente el origen de las transacciones en el libro mayor de blockchain.

Criptobilletera: Monederos digitales que almacenan las claves públicas y privadas de los usuarios para sus criptodivisas.

Monedero de custodia: Servicios de monedero ofrecidos por una empresa centralizada, como una bolsa de criptodivisas.

Dark web: Parte de Internet que existe en redes oscuras que no están indexadas por los motores de búsqueda y a las que sólo se puede acceder con software, configuraciones o autorizaciones específicas, como TOR Projects Onion Browser.

Validación de datos: La validación de datos es el proceso de aclarar la exactitud y la calidad de un conjunto de datos antes de su uso.

Moneda muerta: integridad de una criptomoneda que ya no existe.

Monedero muerto: Las criptocarteras muertas son direcciones de criptodivisas que han estado inactivas durante varios años.

Descentralizado: La descentralización se refiere a la propiedad de un sistema en el que los nodos o actores trabajan de forma concertada y distribuida para lograr un objetivo común.

Organización Autónoma Descentralizada (DAO): Un grupo de personas que trabajan juntas hacia un objetivo compartido y se rigen por reglas escritas en el código informático autoejecutable del proyecto.

Intercambio descentralizado (DEX): Mercado entre pares (P2P) que permite a los usuarios intercambiar criptomonedas directamente entre sí sin necesidad de intermediarios. Las DEX son una parte clave del movimiento de finanzas descentralizadas (DeFi) y no son custodiadas, lo que significa que los usuarios mantienen el control de sus claves privadas. Las DEX utilizan contratos inteligentes en una cadena de bloques para automatizar el proceso de negociación.

Finanzas descentralizadas (DeFi): Un sistema financiero que se basa en la criptomoneda y la tecnología blockchain para gestionar las transacciones financieras.

Dumping: Una venta colectiva en el mercado que se produce cuando se venden grandes cantidades de una criptodivisa concreta en un corto periodo de tiempo.

Criptografía de curva elíptica: El método secp256k1 se utiliza para generar pares de claves pública y privada mediante la fórmula $y2 = x3 + 7$.

Algoritmo de firma digital de curva elíptica (ECDSA): Se utiliza una clave privada para producir una clave pública, pero la clave pública no puede ser objeto de ingeniería inversa para crear la clave privada.

Cifrado: El proceso de convertir datos en un código secreto e incomprensible, de forma que sólo las partes a las que va dirigido puedan entender la información. La encriptación transforma los datos originales, conocidos como texto plano, en un código secreto conocido como texto cifrado.

Éter: La forma de pago utilizada en el funcionamiento de la plataforma de aplicaciones de distribución, Ethereum.

Fondos cotizados (ETF): Un valor que rastrea una cesta de activos como acciones, bonos y criptodivisas, pero que puede negociarse como una sola acción.

Miedo a perderse algo (FOMO): la ansiedad o aprensión que sienten los individuos cuando perciben que otros están haciendo inversiones rentables o aprovechando oportunidades significativas en el mercado de criptodivisas, y ellos podrían perderse ganancias potenciales.

Reserva Federal (FED): El banco central de los Estados Unidos proporciona a la nación un sistema monetario y financiero seguro, flexible y estable.

Moneda fiduciaria: deriva de la palabra latina fiat, que significa determinación por parte de una autoridad. En este caso, un gobierno decreta el valor de la moneda, aunque no sea representativa de otro activo o instrumento financiero como el oro o un cheque.

Bifurcación: Una bifurcación se produce siempre que una comunidad realiza un cambio en el protocolo de la cadena de bloques o en el conjunto fundamental de reglas. Cuando esto ocurre, la cadena se divide, produciendo una segunda cadena de bloques que comparte toda su historia con la original, pero que se dirige en una nueva dirección.

Banca de reserva fraccionaria: Sistema en el que sólo una fracción de los depósitos bancarios debe estar disponible para su retirada. Los bancos sólo necesitan mantener una cantidad específica de efectivo a mano y pueden crear préstamos a partir del dinero que depositas. Si depositas 2.000 dólares, tu banco podría prestar el 90% a otros clientes con intereses, junto con el 90% de cinco cuentas de clientes diferentes, creando suficiente capital para financiar 9.000 dólares en préstamos.

GameFi: La intersección de la tecnología blockchain, las finanzas descentralizadas (DeFi) y la teoría de juegos, que combina elementos de juego con servicios financieros.

Hash: Función criptográfica que crea un valor de longitud fija a partir de un bloque de datos en una cadena de bloques. Este valor se denomina "hash" o "digest" y es único para los datos de entrada. El hash se añade al final de la cadena, creando una huella digital del bloque de datos.

Algoritmo hash: Función matemática que desordena los datos y los hace ilegibles.

Función hash: Se utiliza para garantizar la seguridad y la inmutabilidad de la cadena de bloques. Cada bloque de la cadena de bloques contiene un hash criptográfico de los datos del bloque anterior, por lo que la modificación de los datos de un bloque anterior invalida todos los bloques posteriores.

Hashpower: (A veces llamado tasa de hash) Una medida de la potencia de cálculo de una red blockchain, grupo o individuo. La tasa de hash viene determinada por el número de intentos que se realizan por segundo para resolver el hash de una cadena de bloques criptográfica. La tasa de hash global ayuda a determinar la dificultad de minería de una red blockchain.

Billetera de hardware: Un monedero de hardware de criptomoneda "frío" es una pieza física de hardware que existe fuera de línea, que permite al usuario tomar el control de sus claves criptográficas.

Hold On for Dear Life (HODL): Estrategia de inversión consistente en comprar criptodivisas con la intención de no venderlas nunca.

Hot wallet: Una cartera en línea que siempre está conectada a Internet.

Inflación: Cuando la oferta de dinero en una economía crece a un ritmo más rápido que la capacidad de la economía para producir bienes y servicios.

Oferta inicial de monedas (ICO): Un tipo de crowdfunding que utiliza criptomonedas como medio para recaudar capital para empresas en fase inicial.

Valor intrínseco: El valor percibido o calculado de un activo, inversión o empresa utilizado en el análisis fundamental.

Dirección de Protocolo de Internet (IP): Dirección numérica única asignada a un dispositivo conectado a Internet.

Conozca a su cliente (KYC): Comprobaciones de seguridad que realizan las plataformas de negociación y las criptobolsas para verificar la identidad de sus clientes.

Ledger: Registro de transacciones que mantienen tanto las instituciones financieras centralizadas como las aplicaciones financieras descentralizadas.

Ledger (monedero físico): Almacena tus claves privadas en un entorno seguro y fuera de línea, dándote tranquilidad y control total sobre tus activos. Sus claves privadas están aisladas de una conexión a Internet, manteniendo su monedero protegido de hackers y spyware en su ordenador portátil o smartphone.

Litecoin: Una red de pago global de código abierto totalmente descentralizada sin autoridades centrales.

Memecoin: criptofichas creadas como broma o meme.

Minería fusionada: El acto de minar dos o más criptodivisas al mismo tiempo sin sacrificar el rendimiento minero general.

Ajuste de la dificultad de minado (Bitcoin): Un ajuste de dificultad de minería es una parte crucial del proceso de minería de Bitcoin que ajusta la dificultad de la ecuación matemática que los mineros deben resolver para encontrar el hash del siguiente bloque. El ajuste de la dificultad se produce automáticamente cada 2.016 bloques, o unas dos semanas, y depende del número de participantes en la red de minería y de su potencia de hash combinada.

Oferta monetaria: La totalidad de la moneda de un país y otros instrumentos líquidos en circulación en un momento dado.

Mt. Gox: Una bolsa de criptodivisas para la compra y venta de Bitcoin que en su día fue la mayor plataforma de criptodivisas del mundo. El nombre es un acrónimo de "Magic: The Gathering Online Exchange", y el sitio fue creado originalmente en 2010 por Jed McCaleb como una forma para que los fans del juego de cartas intercambiaran cartas en línea. En su punto álgido, Mt. Gox gestionaba entre el 70% y el 80% del volumen de transacciones de Bitcoin, lo que le otorgaba un papel significativo a la hora de determinar la actividad del mercado de la criptodivisa. Ahora está en quiebra.

Monedero multisig: Un monedero multisig, o monedero multifirma, es un monedero digital que requiere múltiples usuarios para autorizar una transacción. El número de firmas necesarias para firmar una transacción es igual o inferior al número de usuarios, o copagos, que comparten el monedero. Por ejemplo, un monedero 2-3 requiere dos firmas de tres copagos, mientras que un monedero 3-3 requiere tres firmas de tres copagos.

Fichas no fungibles (NFT): Activos verificados por Blockchain que no pueden replicarse ni corromperse.

Clave privada: Variable en criptografía que se utiliza con un algoritmo para cifrar y descifrar datos.

Proof-of-stake: Mecanismo de consenso de las criptomonedas para procesar transacciones y crear nuevos bloques en una cadena de bloques. (Ethereum)

Proof-of-work: Un mecanismo de consenso de blockchain que requiere un esfuerzo computacional significativo de una red de dispositivos. (Bitcoin)

Protocolo: Conjunto de reglas que definen las interacciones en una red, normalmente implicando consenso, validación de transacciones y participación de la red en una blockchain.

Firmas digitales basadas en claves públicas: Permiten a los usuarios enviar Bitcoin sin confianza.

Pump and dump: Una forma de fraude que consiste en inflar artificialmente el precio de una criptomoneda con declaraciones positivas falsas y engañosas.

Quantitative Easing (QE): estrategia de política monetaria utilizada por bancos centrales como la Reserva Federal. Con el QE, un banco central compra valores en un intento de reducir los tipos de interés, aumentar la oferta de dinero e impulsar más préstamos a consumidores y empresas.

Clave semilla: Secuencia de 12 o 24 palabras aleatorias que proporcionan la información necesaria para recuperar una cartera de criptodivisas perdida o dañada.

Monedero de autocustodia: Una cartera que te permite enviar y recibir cripto y conectarte a aplicaciones descentralizadas (DApps). Con una cartera de autocustodia, tú gestionas tu clave privada, lo que significa que tienes el control total de tus criptoactivos.

Silk Road: Una plataforma digital de mercado negro que fue popular por albergar actividades de blanqueo de dinero y transacciones ilegales de drogas utilizando Bitcoin. Silk Road, considerado el primer mercado de la darknet, se puso en marcha en 2011 y finalmente fue cerrado por el FBI en 2013.

Contratos inteligentes: Contratos digitales almacenados en una blockchain que se ejecutan automáticamente cuando se cumplen unos términos y condiciones predeterminados.

Monedero electrónico: También conocido como app monedero, es un programa que permite a los usuarios almacenar, enviar y recibir criptodivisas en un espacio virtual. Los monederos por software están encriptados y requieren una contraseña para acceder a ellos. Pueden instalarse en cualquier dispositivo, incluidos teléfonos, tabletas y ordenadores.

Stablecoin: criptomoneda cuyo valor está vinculado a un activo fiduciario del mundo real.

Estaca: El staking criptográfico es un proceso en el que los inversores bloquean sus tokens criptográficos con un validador de blockchain durante un periodo de tiempo determinado para ayudar a respaldar el funcionamiento de la blockchain. A cambio, los inversores son recompensados con nuevas fichas cuando sus fichas bloqueadas se utilizan para validar los datos de la cadena de bloques.

The Onion Router (Tor): navegador gratuito de código abierto que utiliza la red Tor para proteger la privacidad y el anonimato del usuario mientras navega por Internet. Su método de enrutamiento cebolla consiste en dirigir el tráfico de Internet a través de múltiples capas de servidores para proteger los datos. Este proceso impide que los observadores descubran la dirección IP y la ubicación exacta de un usuario, y los sitios web y servicios sólo verán una conexión desde la red Tor en lugar de la dirección IP real del usuario.

Fichas: Cualquier criptomoneda, además de Bitcoin y Ethereum, que representa activos digitales que residen en sus propias cadenas de bloques.

Token swap: En finanzas descentralizadas (DeFi), el intercambio es el proceso de cambiar una criptomoneda por otra utilizando un protocolo de intercambio basado en contratos inteligentes.

Token de utilidad: Tokens basados en blockchain que tienen un uso específico y ofrecen utilidad.

Web 3.0: La tercera generación de la World Wide Web (WWW), que implica la inmersión directa en el mundo digital.

Referencias

---

[1]ussc.gov/sites/default/files/pdf/training/annual-national-training-seminar/2018/Emerging_Tech_Bitcoin_Crypto.pdf